Albert von Schirnding

Alter Mann, was nun?

Albert von Schirnding

Alter Mann, was nun?

Gedankengänge auf späten Wegen

C.H.Beck

2. Auflage. 2024

© Verlag C.H.Beck oHG, München 2023
Alle urheberrechtlichen Nutzungsrechte bleiben vorbehalten.
Der Verlag behält sich auch das Recht vor, Vervielfältigungen dieses Werks
zum Zwecke des Text and Data Mining vorzunehmen.
www.chbeck.de
Umschlaggestaltung: Kunst oder Reklame, München
Umschlagabbildung: «Arbre et homme», 1883, Zeichnung von
Georges Seurat, Von der Heydt-Museum, Wuppertal/akg-images
Satz: Fotosatz Amann, Memmingen
Druck und Bindung: Pustet, Regensburg
Gedruckt auf säurefreiem und alterungsbeständigem Papier
Printed in Germany
ISBN 978 3 406 80840 1

myclimate
verantwortungsbewusst produziert
www.chbeck.de/nachhaltig

Inhalt

Vorwort 9

Das Märchen vom plötzlichen Reichtum
des alten Mannes 11
Zwei Schalen 13
Lebensgrenzgänger (1) 14
Störungen 15
Das Überflüssige 18
Krankheit 20
Die Krankheit zum Tode 23
Der Tag danach 25
Ein hundertster Geburtstag 26
Spiel und Ernst 28
Linie und Zyklus 31
Zeit-Physik 32
Prozess und Kairos 33
Tempus 36
Zeitgestaltung und Zeitvergehen 37
Vergänglichkeit 38
Tote Sänger 39
Publikumsjubel 40
Kastraten 41
Orte in der Musik 43
Cherubino 44
Tosca 45
Zweierlei Lohengrin 47
Bruckner 49
Speicherfund 50

Vorschnelle Erfüllungen	52
Levine etc.	53
Das Schöne und das Wahre	55
Lektüre-Topographie	57
Odyssee	59
Wenn Helden ins Gras beißen	63
Prousts Lindenblatt	65
Der Wille zum Gegenglück	67
«Doch leider blieb alles beim alten»	71
Ein Halbsatz von Thomas Mann	76
Hesse	79
Penzoldt	83
Loerke	87
Eine Meise unterwegs zu Heraklit	90
Erschöpfbarkeit von Kunstwerken	95
Mit anderen Worten	96
Unwörter (1): «Spannend»	98
Unwörter (2): «Unverzichtbar»	99
Unwörter (3): «Geschuldet»	100
Unwörter (4): «Wissen um»	101
Unwörter (5): «Männerfreundschaft»	102
Schüttelreime	103
Genieverdacht	105
Gymnasiale Klassengesellschaft	107
Biedere Schüler	108
Pädagogischer Eros?	109
Eine überholte Widmung	119
Vom Ichsagen	121
Das alte Ich und sein Doppelgänger	123
Erwachsene	124
Kulturphänomen Sexualität	125

Zur Homosexualität 126
Menschen getroffen (1–14) 128
Die Stille nach dem Sturm 148
Wiederholungen 149
Überwindungen 151
Netzwerk 153
Kiesgrube 158
Vom Scheitern 161
Rettungen 163
Unfassbarer Tod 164
Humor 166
Kalte Zimmer 167
Lebensgrenzgänger (2) 168
Wir sterben jung 170
Piazza del Biscione 173

Nû bin ich erwachet, und ist mir unbekant
daz mir hie vor was kündic als mîn ander hant.

Jetzt bin ich erwacht, und mir ist unbekannt,
was mir vorher so vertraut wie meine Hand gewesen ist.

Walther von der Vogelweide, *Owê war sint verswunden alliu mîniu jâr!*
(Übersetzung Bettina Göbels)

Vorwort

Zu Beginn des Jahres 2021 habe ich mir drei möglichst tägliche Gewohnheiten vorgenommen: Vor dem Aufstehen wollte ich, ohne mich durch irgendeine andere Tätigkeit ablenken zu lassen, mindestens eine halbe Stunde Musik hören – schon um dem bedrängend angewachsenen Bestand meiner CDs von Bach bis Strauss gerecht zu werden. Vor oder nach dem Frühstück war ein Gang durch den nahen Wald vorgesehen – bei jedem Wetter. Wieder zu Hause, würde ich mich an die Niederschrift eines Prosastücks über ein von draußen mitgebrachtes Thema machen, dessen Ausarbeitung freilich auch mehrere Tage beanspruchen konnte. Diesem dreifachen Vorsatz bin ich bis heute weitgehend treu geblieben. So entstanden die morgendlichen Gedanken-Gänge des vorliegenden Buches, die auf diese Weise in die Nähe von tagebuchartigen Aufzeichnungen gerieten. Meine Bedenken wegen der damit verbundenen erheblichen thematischen Spannweite und der Willkür der täglichen Reihenfolge führten zu einer nachträglichen Änderung der Anordnung, die inhaltlich Verwandtes zusammenstellte. Die mit der Entstehung zusammenhängende Unterschiedlichkeit der Notate konnte und sollte dabei freilich nicht aufgehoben werden.

So bleibt die Frage nach dem Zusammenhalt der Aufzeichnungen. Er kann nur in der Person des Autors liegen, der sich in einer bestimmten Lebenssituation seine Gedanken macht und sie zu Papier bringt. Diese Situation ist der jener Schriftsteller vergleichbar, die ich in meinem Buch Lebensgrenzgänger nenne, wobei die Lebensgrenze nicht unbedingt als Linie zu verstehen ist, sondern ebenso auch als breiter Streifen gedacht sein kann. Was die Sammlung solcher Prosastücke – ich denke beispielsweise auch an die späten Veröffentlichungen von Marie Luise Kaschnitz: «Wohin denn ich», «Tage, Tage, Jahre», «Steht noch dahin», «Orte» – von Tagebüchern unterscheidet, ist das Vermeiden der fiktiven oder tatsächlichen Voraussetzung, die täglichen Aktiva und Passiva eines Autors seien per se seinen Lesern mitteilenswert. In meinem Fall ist weder diese Voraussetzung gegeben noch bilde ich mir ein, als Person so wichtig zu sein, dass potentielle Leser um meinetwillen wissen wollen, was auf diesen Seiten steht. Meine Situation hat aber ein gewisses allgemeines Interesse. Wie verbringt einer, der die Mitte der achtziger Jahre überschritten hat, seine Tage; welche Erinnerungen sind ihm wichtig, was bedeuten ihm noch Literatur und Musik, wie verhält er sich zu den Äußerungen des herrschenden Zeitgeists? Ein wenig Zufall darf auch sein. Ein bestimmter Autor, den du schon lang ad acta gelegt hast, fällt dir von ungefähr in die Hände: Grimmelshausen, Hesse, Loerke, Penzoldt ... Oder die Götter des Jugendmorgens wollen noch einmal vor Einbruch der Nacht zu Wort kommen: Proust, Thomas Mann, Kafka. Der Rückzug auf das Eigene verstärkte die Neigung zum Selbstgespräch eines Lebensgrenzgängers, der die Sprache liebt und dem Sprichwort, dass Reden Silber, Schweigen Gold sei, nicht ohne Leidenschaft zuwiderhandelt.

Das Märchen vom plötzlichen Reichtum des alten Mannes

Es war einmal ein sehr alter Mann, der im Lauf der mitleidlos fortschreitenden Jahre immer ärmer wurde: Fast alle seine Freunde waren gestorben, fast alle Fähig- und Fertigkeiten, die er sich in seinem langen Leben zugelegt hatte, Erwerbungen, die es reich gemacht hatten, waren ihm wieder abhandengekommen. Sein Augenlicht flackerte nur noch schwach, sein einst scharfes Gehör war stumpf geworden. Auch das Gehen fiel ihm von Tag zu Tag schwerer. Immer mühsamer gerieten ihm seine täglichen Morgengänge durch den Wald.

Da geschah es, dass bei einer dieser Wanderungen sich ihm ein Zweiter gesellte, kein greifbarer, aber ein deutlich spürbarer Körper, der ihm nicht fremd war. Auch die Stimme, die aus ihm kam, war ihm vertraut wie die eigene. «Ich bin dein guter Geist», hörte er, «und gehe schon eine ganze Weile neben dir her, ohne dass du mich bemerkt hast. Ich will dir nur sagen, dass ein Glück auf dich wartet. Greife in deine Hosentasche, so wirst du es finden.»

Der Alte, misstrauisch und glaubenslos, dachte, sein anderes Ich wollte sich über ihn lustig machen, schüttelte den Kopf und ging weiter. Doch der gute Geist ließ nicht locker: «Du hast nichts mehr zu verlieren, aber fast alles zu gewinnen. Schau nur nach!» Also blieb, da der Weg sich ohnehin etwas steiler nach oben krümmte, der Mann, schwer atmend, stehen, langte in die Tasche seiner abgetragenen Cordhose und zog einen Klumpen reinen Goldes hervor. «Willst du einen Hans im Glück aus mir machen?», fragte er mürrisch.

«Ja, aber einen wahren», sagte sein Begleiter. «Das Gold ist nichts anderes als das, worüber du klagst: dein Altsein. Es ist ein Schatz, der, je länger du von ihm Gebrauch machst, immer mehr zunimmt. Du musst nur verstehen, dass deine Jahre dir vor deinen Mitlebenden einen ungeheuren Vorsprung verschaffen. Wer außer dir weiß aus Erfahrung, wie der große Krieg in Deutschland endete? Wer hat Menschen getroffen, die alle anderen nur noch vom Hörensagen kennen? Wer kann berichten, wie Mozart oder Schubert oder Bruckner aus der Entfernung eines Dreivierteljahrhunderts oder am berühmten Rand des Grabes klingen? Wer ...» «Hör auf!», rief der Alte. «Woher soll ich den lächerlichen Ehrgeiz nehmen, das, was mir die Jahre genommen haben, in ein Wissen umzulügen, das mich Jüngeren überlegen sein lässt? Es geht doch darum, mich zu fragen, was mir vielleicht noch geblieben ist, welche Erinnerungen dem im Dunklen Umhertappenden da und dort einen Halt gewähren, wie ich mit diesen Restbeständen durchkomme. Freilich, in einem hast du recht. Ich soll nicht dasitzen und auf den Tod warten, auf dass er mir die Bürde vom Rücken nehme, sondern ich soll mit meinem Altsein etwas anfangen.» – «Das genau ist das Gold in deiner Hand», sagte der Geist, und der Wanderer war wieder mit sich allein.

Zwei Schalen

Zwei Schalen: Die eine heißt Zukunft, die andere, etwas tiefer gelegene, Vergangenheit. Unaufhörlich rinnt seit deinem ersten Atemzug aus der höheren die in ihr enthaltene Flüssigkeit, Zeit genannt, in die zweite. Der Übergang bleibt unsichtbar, unmessbar. Du hast trotzdem einen Namen für ihn: Gegenwart.

Es muss einen einzigen Augenblick in deinem Leben gegeben haben: Da waren beide Schalen gleich voll. Das war die Mitte deiner Lebenszeit, der Punkt, in dem die goldene Waage in gleichen Schalen stille stand.

Lebensgrenzgänger (1)

«Lange leben heißt viele überleben»: Die peinlich gemeinplätzige Weisheit kann sich immerhin auf das Gewicht einer unausweichlichen Erfahrung berufen. Ich mache sie am laufenden Band. Eine etwas weniger banale Fassung der Sentenz lautet: Lange leben heißt sich selbst überleben. Mit zweiundzwanzig Jahren las ich in einem der in hellblaues Leinen gebundenen Bände mit Werken Hofmannsthals in den Notizen zu einem Grillparzer-Vortrag von 1903 den Satz: «Dieses Leben ist zu einem unglaublichen Grade ohne innere Form.» Im Zusammenhang damit stieß ich auf den Gedanken, selbst ein Ich vom Format Grillparzers könne einmal gewonnene Fertigkeiten wieder eingebüßt haben. «Was ist die Signatur von Grillparzers Leben? – sich selber nicht besitzen. Seine Gaben wechseln, alle Fertigkeiten schwinden ...» Sechsjährig hatte ich Rad fahren, achtjährig schwimmen gelernt: Unvorstellbar, dass ich diese zu Eigenschaften gewordenen Aneignungen je wieder verlernen, verlieren könnte. Allenfalls durch brutale äußere Einwirkungen, wie man durch einen Unfall einen Arm oder das Augenlicht verlieren kann. Aber dann zeigte sich, dass mir das Alter von innen eins nach dem anderen nahm, was ich für mein unveräußerliches Eigentum gehalten hatte. Nach über einer Million zurückgelegter Autokilometer habe ich nun schon seit ein paar Jahren das Autofahren ganz aufgeben müssen; ich träume wieder davon, wie ich vor der Führerscheinprüfung davon träumte. Das ist ein harmloses Beispiel. Fast alles, was zur sogenannten zweiten Natur wurde, ist mir abhandengekommen.

Störungen

Der Tag des alten Mannes ist einigermaßen streng geregelt und fügt sich fast immer widerspruchsfrei demselben Schema. Zwischen fünf und sechs Uhr steht der Alte auf, trinkt eine Tasse Tee und isst seinen Erdnussriegel. Dann badet er, rasiert sich, hört eine halbe Stunde klassische Musik. Verlässt das Haus für einen dreiviertelstündigen Gang, den Schrittzähler in der Tasche. Frühstückt ein zweites Mal mit seiner Frau. Setzt sich an den viel zu großen Schreibtisch, in dessen Schubladen nach wie vor die Papiere seines Vaters lagern, das breite Schild der Thomas-Mann-Allee vor Augen, das seine Schüler ihm vor einem Menschenalter zum fünfzigsten Geburtstag nächtlings abmontierten. Verjährter Jugendstreich. Überhaupt ist nahezu alles verjährt, was das Leben in Bewegung gehalten, unruhig und regelverletzend gemacht hat. Jemandem im Lärm einer Klosterwirtschaft zwischen Hunderten biertrinkender Wallfahrer unvermittelt ins Gesicht zu sagen, dass er ohne diesen Menschen nicht leben könne: Wie er jemals dergleichen hat über sich bringen können, liegt metertief vergraben weit jenseits der Grenzen, die längst sein Dahinleben bestimmen. Der gründerzeitliche Schreibtisch ist eine der Bastionen in der Mauer, die ohne sein Zutun rings um seinen Daseinsfleck erstanden ist. Zwischen elf und zwölf die willkommene Unterbrechung in Form eines dritten Frühstücks, diesmal mit Kaffee und einem Stück Toast. Dann wieder Arbeit am Schreibtisch, zu der auch die Erledigung ganz profaner Dinge gehört wie das Begleichen von Rechnungen, das Bestellen von Büchern aus Antiquariatskatalogen; denn er vervollständigt noch immer gewisse Sammlungen – bewusst sinnloserweise, da sie nach seinem absehbaren Hinscheiden in alle Winde zerstreut werden. Gegen halb drei Uhr ruft seine Frau ihn zum Mittagessen, dem ein Intervallfasten bis zum nächsten Morgen folgt. Jetzt nur noch Zeitungslektüre, Durchsicht der wegen E-Mail-Unlust kaum verminderten Post, garantiert nichtiges Nachmittagsfernsehen. Sehr frühes Zubettgehen, das er gelegentlich als Hommage an seine Eltern rechtfertigt, die normalerweise pünktlich um acht Uhr in ihren Betten lagen. Dann hörte er in der gangschmalen Nebenkammer, die seiner Halbwüchsigkeit vollauf genügte, ihre Stimmen, deren einvernehmlicher Klang sein Einschlafen begleitete, ohne dass er je auf den Inhalt der hin und her getauschten Redestücke geachtet hätte. Anders als in diesem zum Mythos gewordenen Damals zwingt ihn jetzt ein kurzatmiger Harndrang zum nächtlichen Aufstehen, das in eine meist zweistündige Lektüre mündet. Er hat gehört, dass diese Zweiteilung der Nacht eine natürliche Folge der sehr späten Essgewohnheiten eines ehrgeizigen Bürgertums gewesen sei, die dann allerdings vom Zwang zum proletarischen Durchschlafen verdrängt wurde.

Ist das nun die in unzähligen Altersbildern vorgeführte Verholzung, Austrocknung, Erstarrung, mit der man dafür bezahlt, dass man nicht beizeiten gestorben ist? Ein Rhythmus, der sich dem ängstlichen Fernhalten von Störungen verdankt, den bedauernden Absagen zu öffentlichen Veranstaltungen und an hartnäckige Freunde zu ihren immer runderen Geburtstagen und den Taufen ihrer Enkel? Im Gegenteil. Im genau geordneten Gehen, Schreiben, Lesen lauert das Chaos. Ungeahnte Turbulenzen erschüttern die innere Flugbahn. Aus Büchern steigen die giftigen Dämpfe der Verneinung.

Ein in Jahrzehnten gewobenes Weltbild, ein Fleckerlteppich aus mündlicher und schriftlicher Belehrung, Glaubensresten, widersprüchlicher Philosophie und halbverstandener Wissenschaft, Erlebnisessenzen und Vermutungswagnissen, bekommt plötzliche Risse, droht in Fetzen zu gehen. Kronzeugen für die Wahrheit von Erkenntnissen erweisen sich als Abtrünnige; sie gestehen ihre Unzuständigkeit, wissen selbst nicht aus noch ein. Schon wieder ist das Abschiedswort am Platz: Auch du, mein Brutus ... Außen das Statuarische, die buddhistische Gelassenheit, der Goethesche Alterstag: am Morgen der Faust, abends Eckermann. Innen der Wirbel: Störungen, die sich zur Verstörung verdichten, Zweifel, die der Verzweiflung zutreiben, aber auch der Versuch, sich an neue Ufer zu retten.

Das Überflüssige

Je älter du wirst, umso mehr Zeit und Mühe benötigst du für die pure Reproduktion deines Lebens. Die tägliche Neuerschaffung dessen, der gestern abend in dem Bewusstsein, ein Ich zu sein, einschlief, wird immer schwieriger.

«Ich brauche fast den ganzen Tag für die Verwaltung meiner Person», hörte ich den alten Joseph Breitbach klagen. Der Tag des Altgewordenen, weiterhin Älterwerdenden liegt immer tiefer im Schatten des Notwendigen. Das Überflüssige wird mehr und mehr zurückgedrängt – wie das sich im Nachmittagslicht unaufhaltsam verkleinernde Stück Wiese, auf das noch ein letzter Rest Sonne fällt.

Das Überflüssige ist das Entbehrliche: alles, ohne dessen Begleitung «man» durchs Leben gehen kann. Und das ist das meiste von dem, wovon wir überzeugt sind, dass es zu unserer Substanz gehört, mit uns auf Gedeih und Verderb verbunden ist. Aber jetzt näherst du dich denen an, die keinen Mozart brauchen, um ihr Dasein zu absolvieren, die nie den Namen Goethe gehört haben und in deren Wissensbestand die Kenntnis der bloßen Existenz einer Antike nicht eingedrungen ist. Das ist die überwältigende Mehrheit. Nenne jeden Namen, der dir teuer war, jedes Kunstwerk, an das du dich rückhaltlos hingabst, jeden sinnlichen und geistigen Hochgenuss: Immer gilt, es geht nicht nur anders, es geht auch ohne.

Und es wäre ja schon ein ungeheurer Fortschritt, wenn alle Menschen hinreichende Mittel hätten, um einen Status der Überlebensfähigkeit zu erreichen und ihn ein Leben lang Tag für Tag reproduzieren zu können. Trotzdem gibt es einige

Exemplare der Gattung, die, wenn sie ein Dach über dem Kopf und keinen Hunger haben, sich nicht genug sind. Sie müssen unbedingt das Überflüssige hervorbringen: Kunst und einen Erkenntnisgewinn, der niemandem nützt, sondern seinen Endzweck in der Erkenntnis selbst hat. Die Grenze zwischen dem Notwendigen und dem Überflüssigen ist fließend, aber niemand wird behaupten wollen, dass es für den Lebenssinn einer ganzen Generation unentbehrlich sei, lyrische Gedichte zu verstehen oder mit Bachs Goldberg-Variationen vertraut zu sein. Ein ganzes langes Leben ohne Musik, ohne alpine oder gemalte Sonnenuntergänge, ohne hochdifferenzierte Gaumenfreuden, selbst ohne eine Sexualität, die über die nötige Fortpflanzungslust hinausgeht, muss nicht trostlos sein. Auch dieser Text, der vom Trieb zur Produktion des Überflüssigen gezeichnet ist, ist seinerseits überflüssig und wie alles Geschriebene, das nicht den Charakter einer Gebrauchsanweisung für lebensrettende Maßnahmen hat, entbehrlich.

Krankheit

Als ich dreiundsiebzigjährig wegen eines akuten Nierenversagens ziemlich überstürzt ein Krankenhaus aufsuchen musste, hatte ich ein Leben ohne Krankheit hinter mir. Ich tat mir einiges darauf zugute, dass ich in vierzig Schuljahren nur zwei einzelne Tage, durch schwere Erkältung behindert, gefehlt hatte. Und ich hatte bis zu jener Zäsur nur eine einzige Woche im Krankenhaus verbracht, und das war mehr als fünfzig Jahre her. Ich hatte auf ein Fichtennadelbad mit einer starken Allergie reagiert: Gelenkschwellungen, die einen zufällig anwesenden befreundeten Arzt zu einer bedenklichen Miene und einer Aug-in-Aug-Frage veranlassten. Zwar konnte ich ihn in dieser Hinsicht beruhigen, aber dann war von Gelenkrheumatismus die Rede, und ich landete im Krankenhaus. Ich rechnete mit dem Schlimmsten. Dieses Schlimmste war nicht etwa ein böser Befund, sondern die übergangslose Verwandlung aus einem zwanzigjährigen recht selbstbewussten Subjekt, das Herr über seinen Körper war, in ein fremden Augen und Händen willenlos ausgeliefertes, seiner Schutzhüllen schamlos entblößtes Objekt. Während meiner Pubertät hatte ich ein ausgeprägtes geschlechtliches Schamgefühl entwickelt, auf das im Krankenhaus natürlich keinerlei Rücksicht genommen werden würde. Umso angenehmer war ich davon überrascht, dass die ärztlichen Untersuchungen sich auf meinen Oberkörper beschränkten. Ein Pfleger tupfte die sich zurückbildenden Schwellungen mit einer Tinktur ab. Als ich meine Schlafanzughose etwas nach unten zog und die Spitzen meines Schamhaars sichtbar wurden, machte er eine erschrocken abwehrende Bewegung. Die Allergie verschwand, und ich wurde entlassen: in eine, wie es schien, lebenslänglich unheilbare Gesundheit. Außer zum Zahn- und manchmal zum Ohrenarzt ging ich in keines der auf mich wartenden Wartezimmer; jede Art von Vorsorge vermied ich.

Erst zehn Jahre nach meiner sogenannten Pensionierung machte das Alter sich bemerkbar: Zu meiner nicht geringen Verwunderung wurde ich krank. Da mir der Zustand so ungewohnt war, dauerte es ein paar Monate, bis ich an mein Kranksein auch nur glauben konnte. Lange dachte ich an eine vorübergehende Unpässlichkeit; meine robuste Natur würde sich schon durchsetzen. Dann der Tagebucheintrag: «Liege nur noch herum, unfähig, etwas zu tun. Blut im Urin; entschließe mich, Frau Dr. P. aufzusuchen. Ist das der Anfang vom Ende?» Da war ich innerlich noch weit entfernt von dem Ort, an den es mich demnächst verschlagen sollte: die urologische Abteilung im Keller einer Münchner Klinik. Das Entsetzlichste, das die Phantasie vorweggenommen hatte, erwies sich in der Realität als das Gegenteil: Der Katheter, den mir der Arzt sofort anlegte, wirkte fast schlagartig erlösend. Beinahe alle Symptome, unter denen ich in den vorausgehenden Wochen gelitten hatte, verschwanden. Es folgte in einer sogenannten Wachstation eine grauenvolle Nacht, die ausgerechnet mit der herbstlichen Zeitumstellung zusammenfiel. Der Anblick der großen Uhr mit dem Zeiger, der um zwei Uhr eine Stunde lang keinen Millimeter vorrücken wollte, wurde zum Symbol eines zum ewigen Stillstand verurteilten Aus-der-Zeit-Gefallenseins. Gegen mein Kopfweh steckte mir die Nachtschwester unwillig ein Placebo in den Mund. Noch ärgerlicher reagierte sie auf mein strömendes Nasenbluten, das sich nicht stillen ließ. Ich wurde durch endlose nächtliche Korridore gerollt und bekam von zwei unfreundlichen Pflegern statt einer Tamponade einen abrupt wirkenden Blutdrucksenker verpasst.

Mit der Umsiedlung am nächsten Vormittag in ein Zweibettzimmer wendete sich das Blatt. «Wir standen knapp vor der Dialyse», versicherte mir der junge sympathische Arzt, dessen schneller Eingriff mich gerettet hatte. Freilich begann jetzt erst die Geschichte meiner Krankheit, die als Prostatakarzinom diagnostiziert wurde und deren Verlauf mich von Scham und Stolz ein für alle Mal gründlich kurierte: Auch der unverhohlen neugierige Blick einer sehr jungen Auszubildenden, die einem Katheterwechsel beiwohnte, verstand sich von selbst. Die sich im Zeichen der Krankheit anschließenden Wochen erlebte ich vornehmlich als success story, deren glücklichste Strecken die immer nur wenige Tage dauernden Aufenthalte in der Klinik markierten.

Die Krankheit zum Tode

«Achtzig Jahre sind eine Krankheit zum Tode, wie eine andere. Warte nur, balde ...» Ich las diesen Satz Thomas Manns im Augustheft 1955 der «Akzente». Der Autor des Nachrufs auf den siebzehn Jahre jüngeren Ernst Penzoldt war im Juni achtzig geworden. Seine Voraussage erfüllte sich: Das Erscheinen des Artikels sollte er nicht mehr erleben. Ich schrieb das mit einem Kreuz versehene Datum des 12. August neben seinen Namen. –

Das kürzlich erschienene Buch des Heidelberger Gräzisten Jonas Grethlein über Homers «Ilias» («Mein Jahr mit Achill. Die Ilias, der Tod und das Leben») fällt aus dem Rahmen ganzer altphilologischer Bibliotheken. Auch der Verfasser ist in ihnen mit einschlägigen Studien vertreten. Er hat sich mit einer Arbeit über das Geschichtsbild der «Ilias» habilitiert, die zu seinen bevorzugten wissenschaftlichen Gegenständen gehört. Mit siebenundzwanzig Jahren ist er ein ungewöhnlich erfolgreicher Starter auf der akademischen Laufbahn, der nach zwei Jahren als Postdoktorand in den USA in die «südwestdeutsche Ordinarienrepublik» zurückkehrt, um in Freiburg seine Universitätskarriere in die Wege zu leiten. Er versteht sich bestens auf die Spielregeln einer Welt, in der, wie er schreibt, die Habilitation als Voraussetzung der Menschwerdung gilt. Ein Buch mit dem Titel «Mein Jahr mit Achill» aber widerstreitet diesen Regeln diametral. Das Possessivpronomen der ersten Person versündigt sich gegen das Gebot strenger Sachlichkeit einer wissenschaftlichen Darstellung.

Etwas war dazwischengekommen: zwischen den glänzenden Start des jungen klassischen Philologen und sein Ziel, den Lehrstuhl und die in jeder Hinsicht gelingende Existenz. Der junge Mann wurde mit einer Krebsdiagnose konfrontiert. «Meine Chance, die nächsten zehn Jahre zu überleben, lag laut Statistik bei 17 Prozent.» Eine an Plötzlichkeit nicht zu überbietende, zur Umkehr zwingende Wegverschüttung, ein Sturz vom hohen Ross der Siegesgewissheit, eine Art unheiliges, heilloses Damaskus. Alles, was bisher wichtig war, verliert schlagartig seine Bedeutung – mit einer Ausnahme. Er entdeckt Achill, den größten Helden der «Ilias», als eine Figur, die ihm auf dem bevorstehenden dunklen Weg Geleit verspricht. Nichts hat er besser zu kennen geglaubt als die homerische Dichtung. Vom vorzeitigen Tod bedroht, sieht er sie mit neuen Augen.

Meine Krankheit ist die Krankheit zum nicht vorzeitigen Tode. Kein Schicksalsschlag aus dem Himmel der Kontingenz, sondern ein schleichender Prozess, dessen naher tödlicher Ausgang allerdings an Gewissheit den aller anderen Krankheiten übertrifft. Der Prozess verläuft nicht gleichmäßig; er kennt Schübe und Einbrüche. Viele Opfer helfen sich mit Selbstbetrug oder Klagen oder Stumpfsinn. Andere fragen sich, was noch zählt. Das tue ich auch. Und hoffe, dass die Abschiedsnähe mich manches Gewohnte in anderem Licht sehen lässt.

Der Tag danach

Im Kalender gab es helle und dunkle Tage. Der hellste war der neunte April. Geburtstag! Wäre der zehnte April nur wirklich dunkel gewesen, ein dies ater, rabenschwarz. Aber er war grau, ein Nicht-Geburtstag, ein gewöhnlicher Alltag, dessen Gewöhnlichkeit grausam abstach gegen den Glanz des Vortags. Dieser war der strahlende Endpunkt gewesen einer Folge adventlicher Tage, die ihr Licht bezogen von dem Erfüllungsstern, auf den sie zuliefen. Ihr Vergehen bedeutete Näherung, jeder gewesene Tag ein Gewinn. Dann war es so weit. Endlich bist du, wo du hingehörst: im Mittelpunkt. Die Familie dreht sich um dich, die Welt dreht sich um dich. Auch da, wo man gar nicht weiß, mit wem man es zu tun hat: in der Schule. Es ist herrlich, inkognito sich unter Ahnungslosen zu bewegen. Ihr seht nicht das königliche Gewand, das gegen jeden Angriff feit, jedes ungute Wort. Wie könntet ihr es auch sehen; es ist ja unsichtbar. Zu Hause wird es wieder sichtbar; vor einem Geburtstagskind müssen Eltern und Geschwister sich neigen. Der Sturz in den Tag danach geschieht lautlos, du erwachst in ihm völlig unvorbereitet, ein Niemand. Vorgestern die Seligkeit eines letzten Noch-Nicht, heute der Jammer eines ersten Nicht-Mehr. Vor dir liegt die denkbar längste Strecke, die dich vom hellsten Tage trennt.

Ein hundertster Geburtstag

Ich habe nur einen mitgefeiert, aber der hatte es in sich. Am 29. März 1995 wurde Ernst Jünger hundert Jahre alt. Ich war wie zu allen Fünfer- und Zehner-Geburtstagen seit dem sechzigsten, den ich in meiner Wilflinger Adlatus-Rolle nicht nur wie die späteren als Gast begangen hatte, eingeladen. Nur einmal, beim fünfundsechzigsten, hatte ich absagen müssen. Ich hatte meine Studentenfreiheit mit dem Status eines Referendars am Ingolstädter Gymnasium getauscht, und der 29. März fiel damals nicht in die Osterferien. Dafür trat ich am 9. April, meinem fünfundzwanzigsten Geburtstag – ich hinkte Ernst Jünger genau vier Jahrzehnte hinterher –, den vorletzten Aufenthalt im ehemaligen Forsthaus an, um den aufgelaufenen Postberg in die vorgesehenen Mappen einzuordnen.

Bei einem unserer täglichen mehrstündigen Nachmittagsspaziergänge hatte Jünger unvermittelt gesagt: «Ich möchte hundert Jahre alt werden, dann steige ich auf einen Berg, trinke eine Flasche Champagner und erschieße mich.» Daran musste ich denken, als ich am Morgen des Geburtstags über Memmingen, Biberach und Riedlingen bei immer wieder aufkommendem Schneegestöber in das fühlbar festlich gestimmte Wilflingen fuhr. Mein erster Gang galt wie immer dem Friedhof, dem Grab von Jüngers vor fünfunddreißig Jahren verstorbener Frau Gretha und der «Ehrenlinde», an deren Pflanzung anlässlich von Jüngers fünfundachtzigstem Geburtstag ich teilgenommen hatte. Im bereits mit Gästen vollgestopften Haus erwartete man die Ankunft des Bundespräsidenten Herzog, von Helmut Kohl und dem Ministerpräsidenten Teufel; ich begrüßte nur Frau Liselotte, die mich wie jedes Mal umarmte. Dann fuhr ich weiter nach Saulgau. Während der neunzigste und fünfundneunzigste Geburtstag im Stuttgarter Schloss in relativ unpersönlicher Atmosphäre stattgefunden hatten, ging es in der berühmten Kleberpost viel intimer zu. Keine endlose Gratulantenschlange wie in einem der Schlosskorridore, sondern ein Auf-gut-Glück-Vordringen zum Jubilar, der meine Glückwünsche mit zwei knappen zustimmenden Krächzern beantwortete. Zuvor hatte ich mich an dem für die engen Räume viel zu massigen Bundeskanzler buchstäblich vorbeiquetschen müssen. Dann saß ich entspannt mit dem vertrauten Ehepaar Zeller aus Marbach zusammen.

In Wilflingen durfte abends der übliche vom Geburtstagskind abgenommene «Große Zapfenstreich» der Bürgerwehr nicht fehlen. Ich war zu früh dran; das leere Haus war geschlossen, kaum jemand ließ sich auf der Straße blicken. Nur ein ungewohnt aufgeräumter Rolf Hochhuth kam mir entgegen, erzählte, wie er es zuwege gebracht hatte, in der Kleberpost so verborgen dabei zu sein, dass der anwesende, von ihm zu Fall gebrachte Filbinger nichts merkte. Ich entschloss mich, nicht zu warten, sondern gleich nach Hause zu fahren. Um halb neun Uhr traf ich in der Dietramszeller Klosterschänke mit meiner Frau und dem zweieinhalb Jahre alten Söhnchen zusammen. Askan, zu dessen Geburt Jünger zu dem nur sehr selten benutzten Telefonhörer gegriffen hatte, stimmte bei meinem Anblick ein lautes Freudengeschrei an. Ich war am Gegenpol eines hundertsten Geburtstags angelangt.

Spiel und Ernst

Tante Adele wohnte in den Kriegsjahren bei uns. Sie legte Wert auf das, woran es uns Kindern zeitgemäß gebrach: gedrillte Manieren. Unsere Mutter gedachte ein Exempel zu statuieren; sie werde, ließ sie uns wissen, bei nächster Gelegenheit, wenn Tante Adele im Zimmer sei, ein Donnerwetter über uns niedergehen lassen, notabene nur zum Schein. So geschah's. Sie spielte die strenge Erzieherin so überzeugend, dass zuerst meine jüngste Schwester in Tränen ausbrach, dann die nächstältere ansteckte, bis es auch mich Achtjährigen erwischte und wir schließlich um die Wette heulten. Aus Spiel wurde Ernst, auf den die Mutter, als die von Mitleid ergriffene Tante Adele das Zimmer verlassen hatte, mit nicht mehr gespieltem Ärger reagierte.

Weniger auffällig war der tief gekränkte Stupor, in den meine Schwester Margit verfiel, wenn sie beim Quartettspiel verlor. «Es ist doch nur ein Spiel», tönte es von allen Seiten auf sie ein. Aber sie hatte ja recht! Wer das Unglück im Spiel leicht nimmt, ist der wirkliche Spielverderber. Jedes Spiel ist verloren, das nicht ganz und gar ernst genommen wird. Der schwere rote Vorhang im Regensburger Stadttheater trennte zuverlässig die Sphären des Spiels und der Wirklichkeit. Aber nicht einmal er vermochte die Undurchlässigkeit der Grenze vollkommen zu sichern. In einer Aufführung der Domspatzen von Humperdincks «Hänsel und Gretel» fiel mein Blick im zweiten Akt auf eine Stelle des Waldbodens, auf der sich der Flecken der im ersten Akt librettogemäß verschütteten Milch abzeichnete. Ich erschrak wie angesichts einer unfreiwilligen Entblößung, wie wenn die Gretel zu erkennen gegeben hätte, dass sie «in Wirklichkeit» ein Junge war. Es bedurfte des als Bild, Licht und Klang sich entschleiernden Zaubers der Himmelsleiter, um die aufs höchste gefährdete Illusion zu retten. Dabei war sie, die so leicht verletzliche, alles, während die Welt draußen zu einem Nichts zerronnen war.

Den Tod erlebte ich vor dem Sterben der Großmutter als die viel grausamere Ermordung des Helden, der vom Drachenblut ins Unverletzliche entrückt worden und nur an einer einzigen lindenblattgroßen Körperstelle verwundbar war: Ich ging tagelang wie betäubt durch den Garten, spürte zwischen den Schultern den hinterrücks zugefügten Lanzenstich. Abend für Abend beugte ich mich vor dem Einschlafen über den von Hagen in gereimten Simrockschen Versen Erschlagenen.

Ich lebte, liebte, hasste, lachte, weinte, hoffte, fürchtete mich jenseits des Vorhangs, der erst dann, wenn er ganz aufgegangen war, die Welt des Spiels vollkommen vom Ernst der Wirklichkeit trennte. Was wog dagegen der meine Kindheit überschattende Krieg? Was ging mich der Wehrmachtsbericht aus dem Radio an, die Luftlagemeldungen und Fliegerangriffe, wenn alle Trojaner vor dem rasenden Achill hinter die Mauer geflohen waren, Hektor allein zurückgeblieben war zum Zweikampf mit dem heranstürmenden Hund des Orion, dem Todesgestirn, taub gegen das Flehen von Vater und Mutter, sich in die Stadt zu retten; wenn er dann doch nicht standhielt, dreimal sich hetzen ließ um die Mauer, von wo die Eltern, Brüder, Bewohner jammernd und schreiend das entsetzliche Schauspiel verfolgten, bis die Göttin Athene ihren Liebling Achilles zum Stehen brachte und Hektor durch ein Täuschungsmanöver zum Zweikampf ermutigte. Der war schon, bevor er begann, entschieden, wie alles entschieden ist in einer Sphäre jenseits der Zeit, wo es keine Zukunft gibt und die allen Göttern weit überlegene Gottheit des Schicksals regiert. Athene war nur ihr Werkzeug, und Hektors göttlicher Freund Apollon hatte das Weite gesucht.

Die Elemente von Hass, die in meiner Seelenlandschaft nur in Spuren und weit verstreut sich fanden, ballten sich zusammen zur Faust gegen den Sieger, die im Überfluss vorhandene Liebe strömte dem geschändeten Hektor entgegen, wie sie Siegfried und Winnetou betrauert hatte. Was mich nicht erstaunte, war das Erstaunliche, dass Hektor als der Held der Feindesmacht die ungeteilte Sympathie des Dichters genoss, der anders als die im west-östlichen Weltkonflikt Partei ergreifenden Götter in den Gegnern die Menschen entdeckte.

Alle Spiele enden. Auch die Märchenspiele. Hänsel und Gretel sorgten für den Feuertod der Hexe, eine Notwehrmaßnahme. Der Rauch spie das Böse in Gestalt eines auf einem Besen reitenden Schattenbilds aus. Das war Regensburger Theaterzauber; im Libretto wird die Hexe als Lebkuchen aus den Trümmern des Ofens gezogen. Nichts deutete darauf hin, dass es sich um ein Initiationsmärchen handelte, allenfalls die tägliche Prüfung von Hänsels Zeigefinger, den er durch das Gitter seines Gefängnisses stecken musste. Angeblich wollte die Hexe sich an einem fetten Knabenbraten erlaben und mästete ihn. Er täuschte die trüben Augen der Alten mit einem Stöckchen, das er anstatt des Fingers ihrer gierig befühlenden Neugier bot. Aber in der gut versteckten Wirklichkeit der Initiationsriten zeigte er weder Stöckchen noch Finger her, sondern ein ganz anderes Körperglied. Der Meister prüfte den Fortschritt der Geschlechtsreife. Das Kind musste sterben, um als junger Mann aufzuerstehen und zurückzukehren in das Leben der Erwachsenen und seinen unerbittlichen Ernst.

Linie und Zyklus

Leibniz und die Seinen haben die Natur als aus stabilen geschlossenen Kreisläufen bestehend verstanden. Jedes Vergehen mündet in ein neues Werden. Ausgeschlossen blieb der Gedanke irreversibler Prozesse. Die verfließende Zeit im Sinn eines Vergehens in ein endgültiges Vorbei, «als sei es nie gewesen», ihr Münden in die Entropie, ist eine postleibnizische Vorstellung.

Zeit-Physik

Wie lassen sich der zweite Hauptsatz der Thermodynamik (der mechanischen Wärmetheorie) und Einsteins Relativitätstheorie im Hinblick auf das Verstehen des Phänomens Zeit zusammenbringen? Energie verwandelt sich in Wärme, aber es gibt keine Rückverwandlung; der Zeitpfeil hat nur eine Richtung; das Ende der Zeit («time must have a stop») fällt mit dem Wärmetod des Universums zusammen (Entropie). Auf meinem Schreibtisch tritt, auch wenn ich noch so oft aufräume, ohne mein Zutun immer wieder Unordnung ein; der Vorgang führt von der Unwahrscheinlichkeit einer gegebenen Ordnung zur Wahrscheinlichkeit ihrer Auflösung. Das ist der heraklitische Fluss zu einem Punkt, an dem alles je Gegenwärtige Vergangenheit sein wird. Zukunft ist als künftiges Vergangensein ein Noch-Nicht. Das heißt: Sie existiert nicht, ehe sie eingetreten ist – aller Hellseherei zum Trotz. Prognosen beruhen ausschließlich auf Voraussagen, die der Vergangenheitserfahrung entnommen sind. Aber wie verhält sich das alles um Gottes willen zu Einsteins Auffassung der Zeit als bloßer Anschauung? Die «Scheidung zwischen Vergangenheit, Gegenwart und Zukunft» sei, so erklärte er, eine «wenn auch hartnäckige Illusion».

Prozess und Kairos

Die Griechen unterschieden zwischen Chronos und Kairos, der gleichmäßig verfließenden Zeit und dem aus ihrem Schoß sich entbindenden besonderen Augenblick. Wir sprechen vom Prozesscharakter der Geschichte (Chronos) und dem im Rahmen dieses Vorgangs sich konturierenden einzelnen Ereignis (Kairos). Versteht man die Geschichte nicht als ein vom Zufall regiertes Neben- und Nacheinander von Geschehnissen, sondern als das zielgerichtete Werden eines im Verhältnis zum Status quo besseren, insgesamt optimalen Zustands – ob dieser nun als die Ankunft des Reiches Gottes oder ein endgültiger Sieg von Freiheit, Gleichheit und Brüderlichkeit begriffen wird –, nimmt das Zeitvergehen bis zu diesem Ziel Advents-, also Fortschrittscharakter an. Weil es unter dieser Voraussetzung in der Menschheitsgeschichte dialektisch und das heißt blutig zugeht, sind Schlachten für den Geschichtsoptimisten hochwillkommene Ereignisse, nach deren Abschluss er dem Sieger in Gestalt des Weltgeists zu Pferde begegnet. Die verschiedenen Zeitabschnitte, nennen wir sie Epochen, sind Stufen, die zum Hochplateau des erreichten Zieles führen. Als Stufen verlieren sie jeweils ihre Bedeutung, wenn sie erklommen sind; dann tritt man auf sie, um sie hinter sich zu lassen.

Das schlechthin Gute – Gott – ist nicht am Anfang, sondern erst am Ende; Gott ist nicht, sondern *wird*. Damit wird die Zeit aus einem seine Kinder fressenden Ungeheuer zum Medium der Erfüllung und Vollendung. Und Gott, den man angesichts der von Vergänglichkeit, Elend, Krieg und Tod gezeichneten Welt wegen Grausamkeit oder Ohnmacht angeklagt hat, ist noch einmal gerechtfertigt und gerettet.

Diese Rettungsaktion ist nach den Endlösungs-Projekten des 20. Jahrhunderts, denen Abermillionen von Menschen zum Opfer gefallen sind, definitiv gescheitert. Innerhalb einer offenbar sinnlosen Menschheitsgeschichte existieren aber ebenso offenbar sinnvolle Ereigniszusammenhänge mit Prozesscharakter. Ich denke vor allem an die Kunst: Es gibt eine Geschichte der Musik, der bildenden Kunst, der Literatur.

Eine Bachsche Kantate, Haydns «Schöpfung», Mozarts «Zauberflöte», Beethovens «Hammerklaviersonate», ein Lied oder Impromptu von Schubert, Wagners «Tristan», Alban Bergs «Lulu», die «Metamorphosen» von Richard Strauss: Jedes dieser Werke hat neben, vor und nach Tausenden anderer seinen bestimmten Ort in der Geschichte der Musik, sein Woher und Wohin. Alle von Meisterhand geschaffenen Kompositionen hätten unmöglich zu einem früheren Zeitpunkt entstehen können, die meisten auch nicht später. Der Prozess, dem sie empfangend und Anstoß gebend angehören, ist durch ein Vorwärts gekennzeichnet: durch zunehmende Formgebung, Differenzierung, Verfeinerung, Kühnheit in der Überschreitung von Regeln, durch buchstäblich unerhörte Errungenschaften, die auch mittels Vereinfachung gewonnen werden können. Und die Relativierung des einzelnen Werks auf Grund seiner Überholtheit durch ein späteres Produkt kann bis zu seiner faktischen Nicht-Existenz führen. Es wird nicht mehr aufgeführt, gerät in Vergessenheit.

Prozesshaft ist auch die Entstehung eines künstlerischen Lebenswerks. Man spricht in diesem Fall von Entwicklung des Künstlers. Kein Meister fällt bekanntlich vom Himmel; es geht ihm wie dem geschichtsphilosophischen Gott: Er wird erst der, den wir verehren. Es gibt freilich auch das geniale einzigartige Jugendwerk («Die Leiden des jungen Werthers»,

«Die Räuber», Rimbauds «Une saison en enfer»), aber das ist die Ausnahme. Normalerweise sind die Anfänge weniger bedeutend als das spätere Werk; Wagner hat seine ersten drei Opern aus dem Bayreuther Programm ausgeschlossen. Bei der Ankündigung eines Mozart-Konzerts ertappe ich mich beim Schielen nach der Zahl des Köchel-Verzeichnisses; je höher sie ist, umso besser. Ein beliebiges Beispiel: Schuberts B-Dur-Sonate (ach keine Spur von Beliebigkeit; sie ist ja mein allerliebstes Stück, eigentlich zu schade für Demonstrationszwecke) bildet mit der c-moll- und der A-Dur-Sonate eine im Todesjahr 1828 entstandene Trias, ist also ein Spätwerk des empörend jung Dahingerafften. Wie verhält sie sich zu den beiden vorausgehenden Sonaten, zum übrigen Klavierwerk ihres Schöpfers, welcher Platz kommt ihr im gesamten Œuvre des Komponisten zu? Diese Fragen lassen sich ausdehnen auf das Verhältnis dieser Sonate zur Klassik und Romantik der deutschen, der europäischen Musikgeschichte. Wir landen beim Versuch, das Phänomen eines solchen Kunstwerks, sein Wo und Wann mit den Gesetzen der Evolution in Einklang zu bringen. Seine Existenz bleibt vielleicht unbegreiflich, nicht aber seine Abhängigkeit von unzähligen Bedingungen im Prozess seiner Genese.

Wenn ich Schuberts Sonate D 960 höre, sind mir alle diese Umstände, ohne die es sie nicht gäbe, herzlich gleichgültig. Nun kommt der Kairos ins Spiel: die andere Seite des Werks, seine Unbedingtheit, Absolutheit, Augenblickshaftigkeit. Die zweihundert Jahre, die sich zwischen uns beiden ausgebreitet haben, sind spätestens mit dem ersten Basstriller ausgelöscht. Nichts trennt uns mehr.

Tempus

«Die Sache war die, dass er ...» Warum ist das Imperfekt die Erzählzeit? Der Erzähler hat doch nichts anderes im Sinn, als aus einer Vergangenheit wieder Gegenwart zu machen. Alle seine Strategien sind darauf gerichtet, dem Leser die Illusion des Präsens zu verschaffen. Ist die Erzählung allerdings in der ersten Person Singular gehalten, okkupiert der Erzähler die Gegenwart, und es sind zwei Zeitstufen nötig. Vielleicht ist das Imperfekt von der ersten Person in die dritte eingedrungen. Auch hier bringt sich der Erzähler, der heute die Erzählinstanz heißt, immer mal wieder in unmittelbare Erinnerung und nimmt das Präsens für sich und den geneigten Leser in Anspruch, er, der «raunende Beschwörer des Imperfekts».

Zeitgestaltung und Zeitvergehen

«Tagelang hab ich den Acker gepflügt», beginnt ein spätes Gedicht von Hans Carossa. Der Acker ist die Zeit, die unser Pflügen verlangt, ob die Furchen gerade oder krumm geraten. Die jedem Menschen gegebene Zeit wird als Gabe verstanden, mit der wir etwas machen müssen, sollen, dürfen. Man lässt einen Acker nicht brachliegen. Weniger metaphorisch, freilich auch in anthropomorpher Optik heißt es bei Thomas Mann: «Zeit ist, wenigstens potentiell, die höchste, nutzbarste Gabe, in ihrem Wesen verwandt mit allem Schöpferischen und Tätigen, allem Wollen und Streben, aller Vervollkommnung, allem Fortschritt zum Höheren und Besseren.» Ins Moralische übersetzt: Der Mensch soll die ihm zugemessene Zeit nutzen, sparsam mit ihr umgehen, das Beste aus ihr herausholen beziehungsweise ein Höchstmaß an Leistung in ihr unterbringen. Aber auch der Taugenichts kommt nicht darum herum, die Zeit bis zu einem gewissen Grad zu *gestalten*. Er kann nicht einfach im Zeitfluss dahintreiben. Wir alle müssen die Zeit einteilen, uns dem Wechsel von Tag und Nacht, der Jahreszeiten tätig anpassen, zwischen Arbeit und Freizeit unterscheiden, müssen uns Zeit *nehmen* für lebensnotwendige, lebenserleichternde, den Lebensgenuss ermöglichende und steigernde Aktivitäten. Darüber vergisst man, dass die Zeit durch keine Gestaltung an und in ihrem Vergehen berührt wird. Tag und Nacht, Stunden, Prozesse sind ihr völlig gleichgültig. Sie kennt weder Gestern noch Morgen, kein Zögern und keine Beschleunigung, keine Pausen, kein Maß.

Vergänglichkeit

Der alte Thomas Mann hat ein «Lob der Vergänglichkeit» verfasst, der sehr junge Hofmannsthal die vielleicht ergreifendste Vergänglichkeitsklage angestimmt: «Dies ist ein Ding, das Keiner voll aussinnt, / Und viel zu grauenvoll, als daß man klage: / Daß alles gleitet und vorüberrinnt.» Die Klage gipfelt in ihrer Selbstaufhebung angesichts des sprachlos machenden Grauens des zu Beklagenden. Im Gedicht kann diese Sprachlosigkeit freilich nur zu einer noch schöneren Sprache werden. Die lineare Zeit mündet ins Kunstwerk, das in der Wirklichkeit der Vernichtung Anheimgegebene wird ästhetisch gerettet. Gedanklich ist diese Rettung leicht zu widerlegen: Auch Hofmannsthals «Terzinen über Vergänglichkeit» werden «fort» sein, «für immer fort, und ganz vergangen». Die religiöse Rettung heißt Himmel oder Reich Gottes, die philosophische das «Prinzip Hoffnung»: der künftige Himmel auf Erden und seine Vorwegnahmen in der Gegenwart. Die physikalische Antwort auf die Frage nach dem Wohin der vergehenden Zeit lautet: Entropie. Und Thomas Mann hat schließlich Prospero zitiert: «And my ending is despair.»

Tote Sänger

Wir haben uns daran gewöhnt, Bilder und Stimmen von mittlerweile Toten zu sehen und zu hören. Die Schränke sind voll von Filmen und CDs. Eine Aufnahme, die nur wenige Jahrzehnte alt ist, besteht nur noch aus inzwischen verstorbenen Mitwirkenden. Geht man von der Aussegnungshalle des Münchner Waldfriedhofs hinter einem Sarg her, kommt man nach hundert Metern am Grabmal von Hilde Gueden vorbei. Ihr Name prangt überdeutlich auf dem Stein und ist mit dem Titel einer Kammersängerin geschmückt. Ich besitze mehrere Opernaufnahmen, die ihre außerordentliche Kunst bezeugen; am liebsten ist mir der «Figaro», in dem sie die Susanna singt. Während ich beim Hören des Duettino zwischen Susanna und der Gräfin «Che soave zeffiretto» in Wonne zerfließe, taucht das Bild des Gueden-Grabmals vor mir auf. Auch Lisa della Casa, die die Gräfin singt, ist gestorben. Stimmen, zu Staub geworden.

Publikumsjubel

Ich höre den «Don Carlo» in einer Aufführung der Mailänder Scala unter Abbado von 1968. Nach jeder Arie, jedem Duett noch in die Musik hineinfallendes Jubelgeschrei, das zusammen mit den Spitzenleistungen der Sänger für höchste Verdichtung des Augenblicks sorgt. Es handelt sich um längst vergangene pure Gegenwart. Glücksrausch einer Masse. Könnte man sie heute nach mehr als einem halben Jahrhundert noch einmal zusammenrufen, würde sie sich ausnehmen wie der durch einen Orkan gelichtete Wald. Denn die Zeit ist ein Sturm, den wir nur an seinen Verwüstungen erkennen. Die von Ovationen umbrandeten Stimmbänder der Sänger sind verdorrt und die der Bravissimo Brüllenden auch. Sollte man daraus nicht das Gegenteil des «Carpe diem» als Maxime ableiten: jede Gegenwart mit Vorbehalt erfahren, als künftige Vergangenheit?

Kastraten

Der Weg der großen Stars war gesäumt mit Hunderten von Knaben, die unnötig verschnitten wurden, weil die Stimme des Erwachsenen nicht hielt, was die des Kindes versprach. Hätte man seinerzeit eine Ahnung von den Techniken gehabt, die heute ohne *coltello* die Stimme von Countertenören, Altus-Sängern und sogar männlichen Sopranisten produzieren, wäre die grausame Prozedur, die am Anfang der Karrieren eines Farinelli, Crescentini, Filippo Balatri stand, vermeidbar gewesen – denkt man. Das stimmt nicht, weil es die Falsettisten schon vor den Kastraten gegeben hat und sie von diesen abgelöst wurden; der Gesang von kastrierten Männern scheint ihnen an Stimmkraft, Höhe, Erotik überlegen gewesen zu sein. Singen ist ein Handwerk, und manches Handwerk kommt nicht ohne Blut aus. Der unfreiwillige Verzicht auf geschlechtliche Entwicklung und Reife belohnte mit etwas ganz und gar Ungewöhnlichem: der Potenz eines Organs zur Erzeugung überirdischer Schönheit. Kunst war das Ziel, und sie war etwas unendlich Höheres als alle Natur. Also führte der Weg über das Widernatürliche zum Übernatürlichen. Kastraten waren auf der Opernbühne kein Ersatz für Frauen, wie es die halbwüchsigen Jungen waren, die im Theater Shakespeares als Julia oder Ophelia auftraten. Das Ergebnis der Entmanntheit der Kastraten war nicht Geschlechtslosigkeit im Sinne von Neutralität (ne-utrum = keins von beiden), sondern konnte als androgyne Doppelheit empfunden werden. Der heutige Countertenor vermittelt wahrscheinlich keine Vorstellung von der verklungenen Herrlichkeit des Gesangs der Kastraten, deren Stimmen zu Staub zerfielen, ehe ein Aufnahmegerät existierte. Eher kommen die seltenen Sänger in ihre Nähe, die wie Jochen Kowalski oder Samuel Marino überhaupt keinen Stimmbruch hatten, der ihre glanzvolle Knabenstimme an ihrer vollen Entfaltung gehindert hätte.

Orte in der Musik

Im Verlauf des Musikhörens kommt das Ohr des Wanderers an Orten vorbei, die sich der Erinnerung einprägen und die es immer wieder aufsuchen will. Es sind Wallfahrtsorte. Wie diese müssen sie erwandert werden auf Wegen, die unserer Sehnsucht manche Widerstände entgegensetzen. Und selbst wenn diese Wege ihrerseits schon alle möglichen Wunder bieten, wird unsere Geduldskapazität strapaziert. Bis in der Matthäus-Passion die Conclusio 2: der Doppelchorsatz «Wir setzen uns mit Tränen nieder» endlich ertönt, vergehen fast drei Stunden. Jesus ist gekreuzigt worden, Pilatus überlässt seinen Leichnam dem Bittenden. Schwerste Erschütterung, tiefste Traurigkeit und unendliches Entspannungsglück mischen sich zu einer einzigen melodischen Gebärde. Mit ihr auf den Lippen oder nur im Kopf als der unvergänglichen Quintessenz des ganzen Werks verlasse ich den Konzertsaal.

Cherubino

Cherubino in Mozarts «Figaro», Page des Grafen Almaviva, verkörpert den Inbegriff und die Quintessenz männlicher Siebzehnjährigkeit. Trotz frisch erworbener Geschlechtsreife kann er nur von einer Frau gesungen werden wie sein hundertfünfundzwanzig Jahre jüngerer Bruder Octavian im «Rosenkavalier». Der Widerspruch von Natur und Kunst reizt zu Anspielungen jenseits der Realität der Handlung. Als Susanna im Rahmen der gegen den Grafen gerichteten Intrige Cherubino als Mädchen verkleidet, entdeckt sie eine kleine Wunde an seinem Arm: «cospetto! ha il braccio / Più candido del mio! qualche ragazza.» Es ist, als ob die beiden Sängerinnen ihre Arme im Hinblick auf die Reinheit ihrer Haut vergleichen würden. Vor der Verkleidung singt Cherubino eine selbstgedichtete canzonetta vor. Nach dem Vortrag applaudiert die Gräfin: «Bravo! Che bella voce! Io non sapevo / Che cantaste si bene.» «Was für eine schöne Stimme!»: Das kann sich natürlich nicht auf den Gesang des Jünglings beziehen, sondern ist ein Kompliment an die Sängerin. Die Verkleidung ihrerseits ist Ausdruck des Geschlechtswechsels, zu dem die androgyne Konstellation Anlass gibt. Im «Rosenkavalier» wird aus Quinquin eine Kammerzofe, eine ziemlich alberne Verwandlung, von der ein großer Teil des Geschehens im zweiten und vor allem im dritten Akt abhängt. Bei Shakespeare sind es die jungen Frauen, die von boys dargestellt werden und für geschlechtliche Verwirrungen sorgen.

Tosca

Nie versäumte ich, bei einer Romführung meine Schüler in S. Andrea della Valle vor der Cappella Attavanti auf Puccinis Oper «Tosca» hinzuweisen, deren erster Akt hier spielt. Aber ich habe mich nie für das Werk interessiert. Puccini war für mich identisch mit einer Klangfigur, die ich aus «La Bohème» kannte und aus den Proben seiner anderen Opern, die man am Radio zu hören bekam. Es war ein Crescendo bis zur äußersten Aufgipfelung, dem ein lustvolles Sich-fallen-Lassen folgte, eine musikalische Analogie zur höchstgesteigerten Erektion mit anschließendem Erguss. «E lucevan le stelle e olezzava la terra.» Jetzt habe ich «Tosca» zum ersten Mal gehört (in einer Aufnahme von Karajan mit Leontyne Price und Giuseppe di Stefano von 1962), immer wieder ergriffen vom Raptus des Klangs, aber doch auch erstaunt über die Schwäche der Handlung. Sie spielt anno 1800 unmittelbar nach der scheinbaren Niederlage Napoleons bei Morengo (der Irrtum wird im zweiten Akt aufgeklärt); der klassische Bösewicht Scarpia, *capo della polizia*, vertritt die vorrevolutionären Machtverhältnisse: Königtum und Kirche; auch Tosca steht mit ihrer sängerischen Begabung in deren Dienst. Aber dieser politische Hintergrund ist nur ganz oberflächlich skizziert und spielt, sieht man von dem flüchtigen Konsul Angelotti ab, keine Rolle. Im ersten Akt scheint ein Thema der Konflikt des Künstlers zwischen Kunst und Leben zu sein: Der Maler Cavaradossi ist in seine Gemälde mindestens ebenso verliebt wie in Tosca, die ihn beim Malen stört. Er ist hin- und hergerissen, glaubt, wenn er ihrem dreifachen «Mario» nachgibt, sie schnell wieder los zu sein: «Un breve istante e la rimando.»

Sie lässt sich aber nicht abschütteln, ihre Eifersucht kennt keine Grenze. Jetzt sieht es so aus, als habe Puccini einen weiblichen Othello im Sinn. Tatsächlich tritt Scarpia als Jago auf: Ein liegengebliebener Fächer entspricht dem Taschentuch bei Shakespeare (und Verdi). Beide Motive versanden; sie werden in den beiden folgenden Akten nicht mehr aufgegriffen. Auch der tragische Schluss ergibt sich nicht aus den vorausgehenden Verwicklungen.

Zweierlei Lohengrin

Im vorletzten Kapitel seines Romans «Der Untertan» schildert Heinrich Mann eine «Lohengrin»-Aufführung des Theaters der Kleinstadt Netzig, hinter der sich Lübeck kaum verbirgt. Der Leser erlebt die Wagner-Oper mit den Augen und Ohren des machtverliebten, in deutschnationaler Begeisterung und bedingungsloser Kaisertreue schwelgenden Diederich Heßling, der sich in diesem Kunstwerk gleich zu Hause fühlt. Da ist ein König, der alles daran setzt, des deutschen Reiches «Ehr' zu wahren», sind Mannen, die den Neuteutonen, Heßlings ehemaligen Studenten-Kameraden, aufs Haar gleichen, da verkörpert eine weibliche Hauptfigur einen reinrassigen germanischen Typ, während ihre Feindin unübersehbar jüdische Eigenschaften ins Treffen führt. Und vor Lohengrin, dem Repräsentanten höchster Macht, sinkt ein ganzes Volk anbetend auf die Knie. Die Musik dient lediglich der mächtigen Bekräftigung der Botschaft von Deutschlands Größe.

Dass dieses Zerrbild – trotz der vielleicht klarsichtigen antisemitischen Deutung der heidnischen Gegenspieler Ortrud und Telramund – eine böswillige Antwort Heinrichs auf die «Lohengrin»-Liebe ist, die sein Bruder schon in den «Buddenbrooks» bezeugt hat, liegt auf der Hand. Am 29. Juli 1919 berichtet Thomas Mann in einer nächtlichen Tagebuchaufzeichnung von dem Besuch einer «sehr guten» Aufführung des «Lohengrin» mit der von Bruno Walter entdeckten Delia Reinhardt als Elsa: «Ich hatte an der Reinhar[d]t große Freude und genoß innig die langgeliebten Klänge.» In «langgeliebt» ist das Lübecker Stadttheater präsent mit seinen im Verhältnis zur Münchner Oper unvergleichlich bescheideneren Mitteln.

Das «Lohengrin»-Notat schließt mit dem Satz: «Heinrichs civilisatorische Verulkung im ‹Untertan› ist häßlich.»

Hat Thomas Mann Heinrichs Roman, den der Bruder im Sommer 1914 abschloss (wozu Thomas ihm am 30. Juli brieflich gratulierte), der aber erst 1918 in Buchform erschien, von Anfang bis Ende gelesen, oder hat er sich mit Proben begnügt? Der «Untertan» wurde ab Januar 1914 in der Wochenschrift «Zeit im Bild» in Fortsetzungen vorabgedruckt. Vom 3. März existiert ein Zeugnis des Verfassers, dass der Bruder den Roman «mit Staunen (wegen seiner Aggressivität nämlich)» lese. Nach zwei Dritteln wurde der Abdruck wegen des Krieges am 13. August eingestellt. Vier Jahre später kommentiert Thomas Mann im Tagebuch unter dem 23. Dezember 1918 die Lektüre eines Auszugs aus dem «Untertan» in den «Münchner Neuesten Nachrichten»: «Platt geschrieben. Hat nichts mit dem Menschlichen und nichts mit Dichtung zu thun.» Den mittlerweile als Buch erschienenen Roman hat er wohl gar nicht in Händen gehabt.

Die «Lohengrin»-Liebe überdauerte die drei folgenden Jahrzehnte trotz Thomas Manns zunehmender Distanzierung von Wagner, die in dem offenen Brief an Emil Preetorius «Richard Wagner und kein Ende» von 1950 ihren stärksten Ausdruck in der Feststellung findet «gewiß, es ist viel ‹Hitler› in Wagner». Aber selbst jetzt fällt kein Schatten auf den «Lohengrin», «dessen Vorspiel vielleicht das Wunderbarste ist, was er überhaupt geschrieben hat, und den ich in seiner blau-silbernen Schönheit wohl immer noch am innigsten liebe – es ist eine echte, bleibende, bei jedem Kontakt sich erneuernde Jugendliebe». Zum «Vorspiel» liest man im «Untertan»: «Im Orchester war großer Betrieb, dennoch gab Diederich zu verstehen, daß er auf Ouvertüren keinen Wert lege.»

Bruckner

Mein Bruckner-Erweckungserlebnis fällt in den Frühsommer 1951; da war ich sechzehn. Die Münchner Philharmoniker kamen nach Regensburg und spielten im überfüllten Neuhaussaal unter Fritz Rieger Bruckners Siebte. Ein Ereignis, dem der vierundachtzigjährige Fürst Thurn und Taxis durch seine Anwesenheit zusätzlichen Glanz verlieh. Der Beginn des Konzerts war auf neunzehn Uhr festgelegt, das Orchester musste ja noch am Abend aus der Provinz nach München zurückkehren. Der Fürst aber war von einer normalen, eine halbe Stunde späteren Anfangszeit ausgegangen, erschien also um halb acht Uhr. Die Musiker warteten, sich ergeben in die feudalen Regensburger Verhältnisse fügend. Die fanden ihren Fortissimo-Ausdruck in der Reaktion des Publikums, das sich, als der Fürst den Saal betrat, ausnahmslos tausendköpfig von seinen Plätzen erhob. Es war wohl, von der einen oder anderen Toccata in der Emmeramskirche abgesehen, die letzte Musik, die er hörte. Wenige Wochen später begann er zu kränkeln, um im Januar zu sterben. Sein Patenkind saß in meiner Person auf einem der hinteren Plätze. Die Dimensionen der Brucknerschen Symphonie übertrafen das Wenige, was ich bisher von Beethoven dem Radio abgelauscht hatte, um ein überwältigendes Maß. Mir wurde heiß, ich hatte das Gefühl, als würde ich aus dem Schlaf einer langen gleichgültigen Vergangenheit in einer anderen Welt erwachen. Merkwürdigerweise blieb das einschneidende Erlebnis für viele Jahre ohne Folge. Ich habe in ihnen keinen Bruckner im Konzertsaal gehört, und unter meinen Schallplatten war er nicht vertreten.

Speicherfund

Beim Umzug meiner Eltern aus Regensburg ins bayerische Voralpenland wanderte ein an den Vater adressierter Briefumschlag der Bayerischen Staatskanzlei auf unseren Speicher, wo er mehr als ein halbes Jahrhundert des Zufalls seiner Entdeckung harrte. Er enthielt die Einladungen, die Eintrittskarten und die Programme zu sämtlichen Festivitäten, welche die Aufstellung der Büste Anton Bruckners in der Walhalla umrahmten. Ich erinnerte mich, dass meine Mutter auf die wiederholt gestellte Frage, ob sie in den zwölf Nazijahren jemals Adolf Hitler leibhaftig zu Gesicht bekommen habe, von einer einzigen Gelegenheit sprach: dem Festakt vor dem Ruhmestempel über der Donau am 6. Juni 1937. Sie hätten Ehrenplätze gehabt, und der Abstand zwischen ihnen und dem Diktator sei überraschend unerheblich gewesen. Ich konnte mir ihn gut vorstellen: die hellgraue Jacke mit dem Hakenkreuz auf dem Ärmel über der schwarzen Hose, die rechts auf die Stirn gebürstete Haarsträhne, die exakt über den Geschlechtsteilen verschränkten Hände. Auf der Einladung ist die persönliche Gegenwart des «Führers» nicht erwähnt. Nur der Vermerk, dass die Plätze «spätestens um 10 Uhr, 30 Min. eingenommen sein» mussten, also eine halbe Stunde vor Beginn der Feier, verweist auf die wohl aus Attentatsangst totgeschwiegene Ankunft des Machthabers. Am Abend zuvor war im Neuhaussaal ein «Erstes Festkonzert» über die Bühne gegangen. Ausnahmsweise durfte der Operndirektor des Stadttheaters Rudolf Kloiber die herbeigeschafften Münchner Philharmoniker dirigieren. Allerdings erklangen vor Bruckners dritter Symphonie erst einmal drei von den Domspatzen gesungene Motetten.

Nach dem Akt der Büstenaufstellung (über die dabei gehaltenen Reden und zum Einsatz gekommenen Chöre konnte ich kein Programm finden) blieb, wie ich mir vorstellte, dem magenkranken Herrscher nur wenig Zeit zum Löffeln seiner Haferschleimsuppe: Schon rief die Bayerische Ostmark zum Gautreffen um 16 Uhr auf den Regensburger Rennplatz, und mein Vater hatte auf der Ehrentribüne wieder eine halbe Stunde früher anzutreten. Die Ohren noch voll von Marschmusik und den dröhnenden Worten des Gauleiters, war er nach anderthalb Stunden mit meiner Mutter in der gotischen Minoritenkirche zum unterbrochenen Kunstgenuss aufs neue vereint: Ein «Zweites Festkonzert», das eigentliche, kam zur Aufführung. Das Brucknersche «Te Deum» stellte höchste Anforderungen. Der Domkapellmeister hatte diesmal nicht nur seine Knaben zu bändigen, sondern musste neben dem Spitzenorchester und vier höchst namhaften Solisten aus München, Berlin und Leipzig ganze Heerscharen von Chorsängern zum Wohlklang zusammenzwingen, als da laut Programmzettel waren: Liederkranz und Damengesangverein, Klerikalseminar und Kirchenchöre, das städtische Mädchenlyzeum und die Institute der Englischen Fräulein und von Niedermünster. Es folgte die Symphonie Nr. 5, B-Dur, in der Originalfassung unter Geheimrat Professor Dr. Siegmund von Hausegger. Die Präsenz Hitlers bei dem um 18 Uhr beginnenden Ereignis ist mir wiederum verbürgt durch die Forderung, spätestens um 17.30 Uhr Platz zu nehmen. Beim Empfang des Ministerpräsidenten um 21 Uhr im Parkhotel Maximilian konnte sich dann die Regensburger Hautevolee führerlosen Lockerungsübungen hingeben. Was blieb von alledem? Die Marmorbüste in der Walhalla, dem beliebtesten Ziel unserer Schulwandertage, und Bruckners Partituren.

Vorschnelle Erfüllungen

In Hofmannsthals «Arabella», die ohne die Musik von Strauss vielleicht eher zu ihrem Recht käme, findet die ersehnte Wunscherfüllung schon im ersten Akt statt: Der «Richtige», der sich nicht unter den vielen Verehrern und Bewerbern um die schöne junge Frau finden lassen will, erscheint pünktlich an dem Tag, an dem sie sich entscheiden soll, auf der Straße; sie weiß auf den ersten Blick, dass der Fremde der Gesuchte, der Erhoffte ist. Und er kam aus seinen kroatischen Wäldern nach Wien, um die ihm durch ein Foto sofort als Frau seines Lebens Identifizierte zu freien. Schon die erste Begegnung führt zur Verlobung, die nicht nur lebenslanges Eheglück verspricht, sondern auch die Heilung der finanziellen Misere der Familie. So weit, so noch gar nicht gut. Der zweite Akt bringt die Zerstörung der idealen Bedingungen des Liebesbundes. Ein schwerwiegendes Missverständnis verursacht Enttäuschung, gegenseitige Vorwürfe, Entlobung. Dabei kommen vor allem auf Seiten des vermeintlich wunderbaren Retters Defizite zum Vorschein, die durch die schließliche Aufhebung des Missverständnisses nicht ohne weiteres beseitigt sind. Zwar scheint der konventionelle glückliche Ausgang – eine Doppelhochzeit zeichnet sich ab – noch größere Erfüllung zu gewähren, aber es wird doch deutlich, dass die beiden Liebenden nach der nicht bestandenen Prüfung erst am Anfang eines langen Weges sind, den sie zueinander zurücklegen müssen.

Levine etc.

Das Foto auf der Aufnahme der «Winterreise» zeigt Christa Ludwig neben dem sie begleitenden Pianisten James Levine in ungewöhnlich enger Verbundenheit. Sie hat ihren rechten Arm um seine Schulter gelegt, und die beiden linken Hände umfassen sich. Ungewöhnlich ist auch, dass das in den Gedichten von Wilhelm Müller eindeutig als Mann gezeichnete Ich von einer Frau gesungen wird. Aber die Aufnahme (von 1988) wurde hymnisch besprochen, und ich liebe sie sehr. Sicher gehört sie inzwischen zu den zahllosen Levine-CDs, die schleunigst entsorgt zu haben ein Prominenter des amerikanischen Musikbetriebs sich rühmte, als vor wenigen Jahren die «New York Times» Jahrzehnte zurückliegende Übergriffe des Maestros an Jungen enthüllte. Ein Vierteljahrhundert war der Beschuldigte der unbestrittene Star der New Yorker Met gewesen. Nun ereilte ihn ein beispiellos abrupter Sturz: Nicht nur reagierte das berühmte Opernhaus mit einem sofortigen Auftrittsverbot; es trat auch eine totale *damnatio memoriae* in Kraft: Alle Bilder, die an die höchst erfolgreiche Levine-Ära erinnerten, wurden entfernt; sie war nie gewesen. Ich hatte den Künstler fünf Jahre hintereinander in Bayreuth den «Ring» dirigieren gehört und vorher mehrfach den «Parsifal» mit der Kundry Waltraud Meiers. Auch eine von Levine dirigierte Aufnahme der großen c-moll-Messe Mozarts gehört zu meinen bevorzugten CDs. Stellte sich jetzt heraus, dass ich einer gigantischen Täuschung zum Opfer gefallen war? Klang nach der Entlarvung das «Kyrie eleison» anders, päderastie- oder gar pädophiliebefleckt? Die Frage so stellen heißt sie verneinen. Man kann einen Künstler verachten, ächten, aber nicht seine Kunst, soweit es bei ihr mit rechten Dingen zugeht. Und diese rechten Dinge haben mit dem Charakter und den biographischen Umständen ihres Urhebers nichts zu tun. Insgeheim allerdings hege ich die Vermutung, dass ein großer Künstler kein durch und durch schlechter Mensch sein kann, mag er nun Caravaggio, Villon oder Levine heißen.

Das Schöne und das Wahre

Die Monstranz in der Ingolstädter Kirche Maria Vittoria, die den Sieg der Schlacht von Lepanto darstellt, ist ein unendlich kostbares Kunstwerk. Seine Schönheit preist nicht nur die Wahrheit des Siegs des Christentums über den Islam, seine eigentliche Wahrheit ist die Hostie, die es umschließt: die Präsenz des Gottessohns, der uns erlöst hat. Die Monstranz steht hier exemplarisch für alle christlichen Kirchen, deren Schönheit die frohe Botschaft verkündet.

Das sind Kindheitseindrücke. Erwachsenwerden heißt dahinterkommen. Die Gaben unter dem Christbaum stammen von den Eltern, aber der reich geschmückte Christbaum steht immer noch da. Erinnert er an etwas Verlorenes oder soll er über den Verlust hinwegtrösten? Jedenfalls stoßen wir in der Literatur schon früh auf das Phänomen, dass das Entsetzliche in der Maske der Schönheit erscheint; man denke an das Ödipus-Drama des Sophokles oder den in herrlichen Hexametern erzählten grausamen Tod Hektors. Oder an die Einsicht, dass Ungeborensein der höchste Glücksfall sei, eine der vielen in Versform gegossenen vernichtenden antiken Weisheiten. Die Tempel sind leer, aber ihre Giebel zeigen Götter als Wunder an Kunst. Dem kürzlich erschienenen Buch von Heinrich Detering über Annette von Droste-Hülshoff entnehme ich den «signifikanten Gegensatz», in dem die «selbstbewußt zelebrierte Schönheit» von Drostes Versen zu den «verheerten Seelenlandschaften» und der «gepeinigten Natur» steht, die ihren Inhalt bilden. Hier die «Häßlichkeit der Sünden- und Todeswelt», dort die «metrische Prachtentfaltung, in der sie geschildert wird». Allgemein kann man vielleicht sagen: Je schlimmer die Botschaft, umso besser der Stil. Ich denke an Schopenhauer und Nietzsche.

Lektüre-Topographie

Als Leser literarischer Werke kehre ich oft an vertraute Orte zurück: Sie spielen in Gegenden, Räumen, die in meinem Gedächtnis gespeichert sind. Die Bilder stellen sich unwillkürlich ein; es handelt sich um einen unbewussten Vorgang, der aber gelegentlich ins Bewusstsein vordringt. Ein aktuelles Beispiel ist das Zimmer in der Proustschen Wohnung, in dem Marcel sich in der Zeit der Gefangenschaft Albertines aufhält. Es «ist» das sogenannte Ankleidezimmer meines Vaters in unserem ehemaligen Regensburger Haus, ein vom elterlichen Schlafzimmer abgetrennter schmaler, länglicher Raum, in dem ich während beengter Nachkriegswohnverhältnisse zwischen meinem elften und vierzehnten Lebensjahr untergebracht war. An der Schmalseite gab ein einziges Fenster den Blick in den Garten frei, wo sich jetzt allerdings das Treiben auf einer Pariser Straße abspielte. Zwei große Kleiderschränke ließen nicht einmal für einen Tisch Platz; der Raum bot mir lediglich eine Schlafstelle. Kaum ein je von mir bewohntes Zimmer war weniger geeignet, das Bühnenbild für zentrale Szenen von Prousts Roman zu liefern. Der steinreiche Marcel lebt, weil der Lebensstil der Familie es so will, in einem ziemlich einfachen, aber selbstverständlich schönen großen Raum, und wenn er am offenen Fenster lehnt, nimmt er am Leben seines vornehmen Stadtbezirks teil. Trotzdem liegt Albertine, die ihn aus dem ihr zugewiesenen Zimmer nachts regelmäßig besucht, mit aufgelöstem Haar auf meinem wenig bequemen Bankbett. Bemerkenswert ist die unkontrollierte Rückkehr in einen der Räume der Kindheit und frühen Jugend, die in uns viel unvergänglicher weiterleben als spätere Aufenthaltsorte und diese Möglichkeit ergreifen, aus ihrer Schattenexistenz wieder ins Licht der Gegenwart zurückzufinden.

Odyssee

Im Alter braucht man Anlässe, Anstöße, um sich zu einer mehr als flüchtigen Beschäftigung mit einem Kunstwerk zu entschließen; die von innen kommenden Impulse sind zu schwach geworden. Eine philhellenisch gestimmte Gruppe von vierzehn Freunden hatte im vorletzten Herbst einen Ausbruch aus der pandemischen Blockade gewagt und auf einem historischen Zweimaster eine «Reise ins Licht» angetreten. In vierzehn Tagen führte die Segelroute von der Ägäis vorbei an Sizilien zu den Äolischen Inseln. Da auch einige meiner ehemaligen Griechischschüler teilnahmen, wurde ich gebeten, bei der Vernissage einer Ausstellung der unterwegs entstandenen Fotografien ein paar Worte über die «Odyssee» zu sagen. So kam ich noch einmal zur Lektüre der Dichtung, die ich seit der ersten Begegnung 1951 im Regensburger «Alten Gymnasium» wohl so oft wie kein zweites Buch gelesen habe.

Ich staunte. Wie viel gab es wieder-, wie viel neu zu entdecken! Wie hatte ich je, verführt von philologischer Zergliederungssucht, an der Autorschaft eines einzigen großen Geistes zweifeln können? Wie hatten meine Augen an Bruchstellen, Dubletten, Fremdkörpern hängenbleiben und darüber die atemberaubend souveräne Hand des Dichters übersehen können, der eine ungeheure Stoffmasse zur singulären Gestalt formte? Jenes namenlosen Mannes, der sich hinter der im ersten von etwa zwölftausend Versen angerufenen Muse, einer übermenschlichen Instanz, verbirgt? Er hat jedenfalls genau gewusst, was er wollte. Keine Wiederholung der von ruhmredigen Abenteurern erfundenen, überwundenen Gefahren, keine Neuerzählung der uralten, da und dort immer wieder von Sängern vorgetragenen Seefahrermärchen. Es ging um die lange Geschichte einer Heimkehr am Beispiel des Spätheimkehrers Odysseus, der mit einem klugen Einfall den zehnjährigen trojanischen Krieg zugunsten der Griechen beendet hatte.

Das Epos, das der Dichter vorfand, die «Ilias», mündet in die Bestattung Hektors, des größten Helden der Trojaner. Vom Ende des Krieges dank des trojanischen Pferds, vom Tod des griechischen Starkämpfers Achilles erfährt der Hörer oder Leser erst aus der «Odyssee»: zukunftsentscheidende Vergangenheit, in die Nachkriegsgegenwart der Heimkehr hineingespiegelt. Aber auch den Abenteuern, die in grauer Vorzeit dem Odysseus zugedichtet wurden, gönnt sein Dichter nur Vergangenheitswert. Wie der Autor der «Ilias» beginnt er seine zehn Jahre umfassende Erzählung kurz vor ihrem Ende. Alles andere ist Vorgeschichte. Das heißt, dass die Dichtung mit dem selbstverständlichen Erzählprinzip des «Und dann, und dann, und dann» Schluss gemacht hat. Von Anfang an sind alle Wege und – längeren! – Umwege auf ihr Ziel gerichtet. Die Abenteuer drängt der Dichter auf vier «Gesänge», also ein Sechstel der sogenannten Heimkehrnovelle, zusammen, die aber ein Epos und das heißt ein Roman ist. Damit verlieren sie den Selbstzweck vielfältig unterhaltsamer Geschichten und werden der singulären Geschichte des Spätheimkehrers Odysseus untergeordnet. Mit einem genialen Griff legt sie der Dichter seinem Helden in den Mund: Odysseus erzählt sie den in der Königshalle versammelten Phaiaken, an deren gastlichen Strand ihn der fürchterlichste aller denkbaren Schiffbrüche gespült hat. Ein nackter Niemand verkriecht sich unter einen Blätterhaufen, und der Dichter vergleicht ihn mit dem Keim eines Feuers, das ein Bauer am entlegensten Teil seines Ackers in schwarzer Asche verbirgt. Odysseus ist nur noch ein Fünkchen. Erst die Rückverwandlung der Abenteuer, die längst zum Objekt von berufsmäßigen Sängern geworden sind, in die eigene Vergangenheit macht ihn wieder zum Subjekt: Geburt der literarischen Ich-Erzählung.

Nicht am Ende, sondern genau zu Beginn der zweiten Hälfte des Werks erreicht er Ithaka, die in zehnjähriger Irrfahrt ersehnte Heimat. Sie liegt in tiefem Nebel; Odysseus erkennt sie nicht. Die Heimkehr zu sich selbst ist noch lange nicht abgeschlossen, der Weg zu Penelope noch weit. Ein alter hässlicher Bettler sucht in der Hütte des Eumaios Zuflucht. Der Schweinehirt ist ihm noch aus der Vorzeit als vertrauenswürdiger Mann in Erinnerung. Aber er wagt nicht, sein Inkognito zu lüften; der Sohn Telemach ist der Einzige, dem er sich zu erkennen gibt. Die schamlosen Freier, die sein Haus besetzt haben und den seit zwanzig Jahren Abwesenden für tot halten – und war er es nicht sieben Jahre lang auf der Insel der göttlichen Nymphe Kalypso, die durch ihren Namen als Todesgöttin gekennzeichnet ist? –, die reichen jungen, müßigen Männer, die den Bettler verhöhnen, verkörpern alles, was ihn von Penelope und dem eigenen Selbst trennt. Die entsetzliche Gewalttat, der Freiermord, ist unvermeidlich, aber sie kann erst am Ende eines Prozesses der einfallsreichen Planung und vor allem der Selbstbeherrschung erfolgen.

Odysseus ist ja im genauen Gegensatz zum Achilles der «Ilias», der unmittelbar aus seiner Emotion heraus handelt – der rasenden Wut, die als «mēnis» das erste Wort des älteren Gedichts bildet –, der Bedächtige, Zurückhaltende, die Zukunft Bedenkende, das Vorbild eines nachheroischen Zeitalters, das die geistige Überlegenheit der körperlichen vorzieht, sagen wir ruhig: das Wort über die Tat, die Vernunft über das Gefühl siegen lässt. An die Stelle des nach unsterblichem Ruhm dürstenden Helden tritt der leidende Mensch, der «polytropos» in der doppelten Bedeutung des Umhergetriebenen und Vielgewandten.

Die Wirkungsgeschichte Homers schon im antiken Griechenland kann nicht überschätzt werden. Alle Dichter gingen bei ihm in die Schule. Und doch blieb Raum für radikale Kritik. Der kaum zweihundert Jahre jüngere Philosoph Heraklit konfrontiert den angeblich Weisesten aller Hellenen mit dem Witz von Kindern, und diese Kinder sind noch dazu schmutzige Lausbuben. Die haben einige ihrer Läuse getötet, begegnen dem Homer und legen ihn mit den Worten herein: «Was wir sahen und fingen, das lassen wir zurück; was wir aber weder sahen noch fingen, das tragen wir mit uns.» Heraklit lässt den Dichter die Lösung des Rätsels schuldig bleiben.

Wenn Helden ins Gras beißen

In Grimmelshausens «Simplicissimus» tritt ein gewisser Olivier auf, mit dem Simplicius nach einer lebensgefährlichen Rauferei eine halb unfreiwillige Freundschaft schließt. Während er sich zusammen mit dem gewissenlosen Wegelagerer, Räuber, Mörder durch die Welt des Dreißigjährigen Krieges schlägt, erzählt ihm der Ältere die Geschichte seines abenteuerlichen, an «Bubenstück und Schelmerei» überreichen Lebens. Die selbstherrliche Rede wird gelegentlich durch ein «Stücklein» des zu jeder Untat bereiten Handwerks, «worin er ein Meister war», unterbrochen. Der Überfall auf eine herrschaftliche Kutsche – Olivier hat «mit seinem breiten Schwert» dem Kutscher «den Kopf voneinander bis auf die Zähne hinunter» gespalten, ehe er sich anschickt, die reisende Dame und ihre Kinder zu «metzgern» – bringt dem Paar eine Menge Dukaten ein. Nachdem die Beute versteckt ist, lassen sich die beiden in einer Hütte nieder, um ihre «Leiber zu pflegen und auszuruhen». Da dringen, «als wir uns dessen am wenigsten versahen», sechs Soldaten samt einem Korporal mit gezogenen Gewehren und brennenden Fackeln in die Stube ein und fordern Olivier und Simplicius auf, sich gefangen zu geben. Aber Olivier handelt, wie der Leser es erwartet, mit der kaltblütigen Überlegenheit, die er in unzähligen scheinbar hoffnungslosen Situationen bewiesen hat. Er antwortet mit Schüssen aus seiner jederzeit griffbereiten gespannten Muskete. Schon sind sechs Feinde erledigt, schon hielt ich das Ganze für ein weiteres Glanzstück in der Reihe der Großtaten des Helden, da geschieht das der langen vorausgegangenen Erzählung schlechthin Konträre:

Der siebte, als einziger überlebende Soldat trifft Olivier mit dem Gewehrkolben auf den Kopf mit solcher Gewalt, dass dem Abenteurer das Hirn in hohem Strahl auf den Boden spritzt.

So beißt der eben noch aus tausend Gefahren Davongekommene, seines Lebens ruhmredig Sichere ins Gras, und Simplicius macht sich mit dem Geld aus dem Kutschenüberfall aus dem Staub. Als ein Deutschlehrer der unteren Klasse, in der ich zwölfjährig saß, die Episode aus dem «Simplicissimus» vorlas, hat mich das plötzliche jammervolle Ende des Teufelskerls, der vom Erzähler mit allen Trümpfen der Unbesiegbarkeit ausgestattet scheint, bis zur geschlechtlichen Lustempfindung erregt. Es war, als wären Sprüchemacher nur dazu da, tödlich auf den Mund geschlagen zu werden, als hätten Helden keine andere Existenzberechtigung, als sich schließlich im eigenen Blut zu wälzen.

Prousts Lindenblatt

Die verletzliche Stelle in der «Recherche» ist der Ich-Erzähler Marcel. Zwar befreundet er sich in Balbec auf völlig glaubwürdige Weise mit Saint-Loup, einem Angehörigen der Familie der Guermantes. Aber die Darstellung ihrer Welt erfordert seine Präsenz in ihr. Es gelingt ihm, die Aufmerksamkeit der Herzogin, die er lange Zeit aus hoffnungsloser Ferne angehimmelt hat, zu erregen, ihre und des Herzogs Sympathie («lieber junger Freund») zu gewinnen. Er sitzt mit dem herzoglichen Paar auf der Heimfahrt von einem Sommerfest des Prinzen und der Prinzessin Guermantes in einem engen Wagen, die Herzogin fragt ihn, was sie außer Balleinladungen sonst noch für ihn tun könne. «Haben Sie einen Salon ausfindig gemacht, in dem Sie gern von mir vorgestellt sein möchten?» Wie kommt diese hocharistokratische, entsprechend gefeierte Dame der ersten Pariser Gesellschaft dazu, dem bürgerlichen jungen Mann jüdischer Abstammung ein solches Angebot zu machen? Während es in der Klasse, die sie mit gnadenlosem Hochmut repräsentiert, ununterbrochen darum geht, wer wozu eingeladen bzw. nicht zugelassen wird, ob man das Fest eines Standesgenossen anerkennt, indem man der Einladung folgt, oder es durch das eigene Fernbleiben ruiniert. Gesellschaften, deren Mitgliedschaft nicht durch Beitritt erworben werden kann, existieren durch Exklusivität. Das beginnt bei den Akademien und endet im Hochadel. Proust will das Interieur einer Sozietät durchleuchten, deren Hauptthema darin besteht, wer dazugehört und wer nicht. Ausnahmen werden nur bei ganz großen Künstlern oder – wie im Falle Swanns – bei exzeptionell kultivierten Seltenheitswundern gemacht. Und da ist dieser Ich-Erzähler, der in keiner Hinsicht dazugehört und sich durch nichts auszeichnet, und bewegt sich mit zunehmender désinvolture in der innersten Zelle dieser Gesellschaft.

Der Wille zum Gegenglück

Noch einmal: «München leuchtete.» Das Licht, in dem die Kunststadt in dem berühmten Anfangssatz von Thomas Manns Erzählung «Gladius Dei», erschienen 1902 in einer Wiener Zeitschrift, sich präsentiert, ist weder das Wetterleuchten, das ihren Untergang ankündigt, noch jenes festliche Blau, das zum missverstandenen Markenzeichen einer mit Selbstbespiegelung und Selbstbeweihräucherung unablässig beschäftigten Stadt wurde. Es ist vielmehr das Zwielicht, das weit vorausweist auf Thomas Manns kommendes Werk: von «Fiorenza» bis zum «Doktor Faustus».

«Lebensgeschichte ist's immer», sagt Goethe in «Lotte in Weimar» zu seinem Sohn, als der sich erkundigt, woran der Vater gerade arbeite. Aber ebenso gilt: Literatur ist's immer. «War nicht Leben und Werk mir immer eines gewesen?» Die Zeile aus Thomas Manns «Gesang vom Kindchen» ist freilich nicht einfach als Gleichung zu lesen. Sie ist ja witzigerweise ein Hexameter. Das erinnert an Ovid, der dem Vater versprechen muss, dem Versemachen zu entsagen, und dieses Versprechen in Versform ablegt. Also sind Leben und Werk doch nicht im Gleichgewicht; die diesbezügliche Feststellung ist der Dichtung zuliebe getroffen. Das Leben steht im Dienst des Werks, wird sogar gelegentlich im Hinblick auf das Werk gelebt. Das kann man dann als Kälte oder gar als vampirhaftes Aussaugen von Opfern brandmarken. Wer sich darüber entrüstet, sollte allerdings bedenken, dass dies (nicht nur im Falle Thomas Manns) der Preis für das Werk ist, das es andernfalls nicht gäbe, und dass die eigene Entrüstung von der Existenz des Werks parasitenhaft sich nährt.

Die Stilisierung des Erlebten setzt bei Thomas Mann fast gleichzeitig mit dem Erleben ein (manchmal, wie gesagt, schon vorher). «Damals lebte sein Herz»: Das ist bereits (hier Tonio Kröger zugeschriebene) Literatur. Gleichwohl hat es dieses «Damals» wirklich gegeben – und wir wissen, dass solche Herzenserfahrungen in erster Linie homoerotischer Natur waren. Das kompliziert die Sache; denn erst dadurch nimmt die Stilisierung das doppelte Gesicht von Maske und Signal an, gewinnt sie ihre verhüllend-enthüllende Zweideutigkeit.

«Gladius Dei» ist keineswegs der einzige literarische Niederschlag des Paul-Ehrenberg-Erlebnisses, «jener zentralen Herzenserfahrung meiner 25 Jahre», wie es in einem Tagebuch-Rückblick vom 6. Mai 1934 heißt. Begeben wir uns in den Münchner «Kunst-Salon von J. Littauer», Odeonsplatz 2, das reale Vorbild zum «weitläufigen Schönheitsgeschäft von M. Blüthenzweig» in der Erzählung (der Name Hanfstaengl stand wohl Pate). Hier stellte auch Wilhelm von Gloeden seine Werke aus: Aktfotografien sizilianischer Jungen – er hatte 1878 in Taormina sein Arkadien gefunden. Auch religiöse Motive spielen in seinen fotografischen Inszenierungen eine Rolle. Sich selbst hat er als betender Christus porträtiert, und 1895 entstand eine «Madonna mit Kind», die das reale Modell gewesen sein könnte für das im Blüthenzweigschen Schaufenster ausgestellte Madonnenporträt, ebenfalls eine Fotografie, das die sinnliche Erregung und sittliche Entrüstung des jungen Hieronymus vornehmlich anstachelt,.

Das widerlegt nicht die früher mit guten Gründen geäußerte Vermutung, Franz von Stucks «Sünde» sei gemeint. Das Bild in «Gladius Dei» ist ein Symbol und als solches mehrfach determiniert. Jedoch dürfte die erotische Ausstrahlung von Stucks leuchtend blassem Frauenleib auf den jungen Thomas Mann weniger stark gewirkt haben als die Sinnlichkeit von Gloedens Fotokunst.

Sollte die Hypothese stimmen, hätten wir in dem an Blüthenzweig gerichteten Befehl des asketischen Spielverderbers Hieronymus («Nehmen Sie das Bild aus Ihrem Fenster und verbrennen Sie es noch heute!») und seiner Beschwörung des Flammenschwerts gegen das sündhafte Heidentum des leuchtenden München-Sodom eine Selbstverfluchung Thomas Manns vor uns. Ausgerechnet in dem Brief vom 6. November 1901, in dem er dem Jugendfreund Otto Grautoff von seinen Gefühlen für Paul Ehrenberg schreibt, wird auch die Novelle «Gladius Dei» erwähnt. Vorgeführt wird der innere Konflikt des Verfassers zwischen seinen homoerotischen Neigungen und ihrer Verdrängung im Namen einer Moral des Lebensbefehls und Lustverzichts, um ihrer Sublimierung willen im bürgerlich präsentablen Werk. Hieronymus, der München-Verflucher, setzt sich durch in der «Verfassung», die der dreißigjährige Thomas Mann sich gab, als er anno 1905 mit Katia Pringsheim die Ehe einging.

Man kann ganze Antithesenreihen aufstellen, die diese gegensätzliche Lebenskonstellation begrifflich einkreisen. Die Mutter zog es nach dem Tod des Vaters in den Süden, nach München, wo «leichtherzige Ruchlosigkeit und frecher Schönheitsdünkel» blühten. Lübeck dagegen ist die Stadt des Vaters; er ist das Symbol für Pflichtbewusstsein, Disziplin, Verantwortlichkeit für die res publica. Mutter ist «Tonio», Vater ist «Kröger». Wir wissen freilich auch, dass es mit der Eindeutigkeit solcher Chiffren nicht allzu weit her ist. Auch Lübeck ist schon «doppelte Heimat» (so im «Gesang vom Kindchen»), auch dort ist Venedig, und Hieronymus hätte das feurige Schwert ebenso an Lübecks Himmel aufgehen sehen können, der zwar nicht leuchtete, aber immerhin von der Wintersonne milchig und matt erhellt wurde.

«Doch leider blieb alles beim alten»

Im «Vorsatz» seiner hexametrischen «Idylle» «Gesang vom Kindchen» übt Thomas Mann am «Tod in Venedig» sechs Jahre nach dem Erscheinen der Novelle eine entschiedene Selbstkritik:

> Dichter? Ich war es! Denn wo sich ursprünglich die Liebe
>   zur Sprache
> Jeder Liebe gesellt und allem Erleben sich mischet,
> Da sei von Dichtertum kühnlich die Rede, – das Wort ist
>   am Platze. –
> Dennoch, erinnere dich! Gedenke verjährter Beschämung,
> Heimlicher Niederlage, nie eingestandnen Versagens:
> Wie du in Tugend den Mangel verkehrt und Staunen
>   sogar noch
> Endlich dafür geerntet, – doch Bitterkeit blieb auf der
>   Zunge.
> Weißt du noch? Höherer Rausch, ein außerordentlich
>   Fühlen
> Kam auch wohl über dich einmal und warf dich danieder,
> Daß du lagst, die Stirn in den Händen. Hymnisch erhob
>   sich
> Da deine Seele, es drängte der ringende Geist zum
>   Gesange
> Unter Tränen sich hin. Doch leider blieb alles beim alten.
> Denn ein versachlichend Mühen begann da, ein kältend
>   Bemeistern, –
> Siehe, es ward dir das trunkene Lied zur sittlichen Fabel.
> War es nicht so? Und warum? Es scheint, du wagtest den
>   Flug nicht?

Was dir ziemte, was nicht, du wußtest's im innersten
Herzen
Und beschiedest dich still; doch schmerzte der tiefere
Fehlschlag.

In der Uferlosigkeit der Sekundärliteratur zum «Tod in Venedig» geht es vor allem um Quellen, auch um die Frage, wer für Aschenbach Modell gestanden hat (was ziemlich gleichgültig ist), drittens um die Würdigung des Kunstwerks als Kunstwerk: wie sein Schöpfer es zum Beispiel verstand, Aschenbachs Reise vom ersten Anstoß vor dem Münchner Nordfriedhof an über alle sichtbaren und versteckten Spuren als schicksalhafte Reise in den Tod zu erzählen. Aschenbachs Sturz aus allergrößter Fallhöhe in einen selbstverschuldeten, seiner Würde unangemessenen Cholera-Tod wird durch die Sünde einer verbotenen Liebe verursacht, auf die Todesstrafe steht. Eigentlich ist seine Geschichte die novellistische Ausschmückung des Anfangs von Platens Tristan-Gedicht: «Wer die Schönheit angeschaut mit Augen, / ist dem Tode schon anheimgegeben.» Hinter Tristans Maske, der verbotenerweise die Frau seines Königs begehrt, verbirgt sich der homoerotische August von Platen. Es geht nicht um irgendeine Schönheit und irgendeinen Anschauenden; es geht um die Schönheit des männlichen Jugendlichen und den in sie tödlich verliebten älteren Mann. In dem 1925 entstandenen Aufsatz «Über die Ehe» hat Thomas Mann dieser Jünglingsliebe ihr Todesurteil gesprochen: «Es ist kein Segen bei ihr, als der der Schönheit, und der ist ein Todessegen.» Sie ist «gezeichnet mit dem Zeichen der Hoffnungslosigkeit und des Widersinns. Nicht-Segen, das ist Unsegen, ist Fluch, wo es sich um Natur und Leben handelt; und ein Fluch, nicht gleichbedeutend mit bloßer gesellschaftlicher Verpönung, um die es in so amüsabler [...], mit allen Wassern der Duldsamkeit gewaschener Zeit nicht ganz so streng bestellt ist, schwebt unverkennbar über dieser freien, allzu freien Liebe.» Wie soll man im Lichte dieser nicht gar so strengen, aber doch eindeutigen Verfluchung die Selbstkritik am «Tod in Venedig» deuten, die wenige Jahre zuvor (1919) dem «Gesang vom Kindchen» anvertraut wurde?

Der Vers, in den die Kritik sich zusammenzieht, lautet: «Siehe, es ward dir das trunkene Lied zur sittlichen Fabel.» Damit hat Thomas Mann nach eigener Einschätzung die Chance, aus dem erfolgreichen Prosa-Erzähler («manch schönes Gelingen / Krönte mein Mühen») ein einziges Mal zum Dichter zu werden, auf beschämende Weise verspielt. Dichtung: Das ist der «höhere Rausch», ist «Flug», hymnischer Ausdruck eines überwältigenden Gefühls. Der Prosa-Autor bleibt auf dem Boden, objektiviert («versachlicht») das subjektiv Erlebte, bearbeitet («kältet») den lyrischen Erguss. Oder mit den Worten Josef Pontens in dem «Offenen Brief an Thomas Mann» von 1924: «Schriftstellerisch: das ist ein entbehrliches Äußeres; Dichterisch: das ist ein unentbehrliches Inneres.» Es folgen ganze Reihen von Antithesen, die die unüberbrückbare Kluft zwischen Dichter- und Schriftstellertum plausibel machen wollen. Thomas Mann hat im Essay über «Goethe und Tolstoi» (1925) seine Gegenposition einer wechselseitigen Durchdringung der beiden Sphären verteidigt und sein Plädoyer in die Formel von der «heillosen Abgeschmacktheit» ihrer Entgegensetzung münden lassen. Für ihn war das Problem erledigt, aber es sollte ihn gegen Ende seines Lebens noch einmal einholen: In des hochangesehenen Basler Germanisten Walter Muschg «Tragischer Literaturgeschichte», die insgesamt auf der abwertenden Unterscheidung des Schriftstellers gegenüber dem Dichter als ihrem Grund-Riss aufgebaut ist, verkörpert Thomas Manns Werk den «Sieg des Literaten» und damit den «geistigen Bankrott des Bürgertums unübertrefflich».

Umso bemerkenswerter das doppelte Geständnis am Anfang des «Gesangs vom Kindchen»: die Identifizierung des Autors mit dem im «Tod in Venedig» erzählten Fall von Knabenliebe («Hymnisch erhob sich / Da deine Seele») und die Beschämung angesichts der episch-moralischen Verurteilung von Aschenbachs Leidenschaft, wie sie etwa in der Charakterisierung der «Beobachtungen und Begegnisse des Einsam-Stummen» zum Ausdruck kommt: «Einsamkeit zeitigt das Originale, das gewagt und befremdend Schöne, das Gedicht. Einsamkeit zeitigt aber auch das Verkehrte, das Unverhältnismäßige, das Absurde und Unerlaubte»; man könnte hinzufügen: das Krankhafte. Denn «die *naturalistische* Einstellung» seiner Generation habe ihn gezwungen, «den ‹Fall› auch pathologisch zu sehen»: so Thomas Mann in dem Antwortbrief vom 4. Juli 1920 an Carl Maria Weber, der von der Darstellung des homoerotischen Erlebnisses im «Tod in Venedig» den Eindruck hatte, der Autor würde diese Gefühlsart verneinen oder verleugnen wollen. Um diesen Eindruck als ihm «höchst unerwünscht» zu entkräften, zitiert Thomas Mann einen Teil der einschlägigen Verspartie aus der Einleitung zum «Gesang vom Kindchen». Der Brief spielt, was dort mit «Bitterkeit auf der Zunge» als Verkehrung des Mangels in Tugend kritisiert wird, zur verhältnismäßig harmlosen Synthese von Sinnlichkeit und Sittlichkeit herunter, von «dionysischem Geist unverantwortlich-individualistisch sich ausströmender Lyrik» und dem «apollinischen objektiv gebundener, sittlich-gesellschaftlich verantwortlicher Epik». Von der «heimlichen Niederlage», dem «nie eingestandnen Versagen» ist nur der «schmerzhafte Prozeß der Objektivierung» übrig, «der sich aus den Notwendigkeiten meiner Natur zu vollziehen hatte». Vorbild seien Goethes während der Arbeit an der Novelle fünfmal gelesene «Wahlverwandtschaften» gewesen.

Man erfährt aber auch, dass «die Novelle im Kerne hymnisch geartet», ja eines hymnischen Ursprungs ist. Es gab also, wenn auch wohl nur als Konzeption, einen «Ur-Tod-in-Venedig», in dem die Feier von Aschenbachs Leidenschaft, seiner besinnungs- und gewissenlosen Hingabe an eine von keiner Fruchtbarkeit gesegnete Schönheit ihren Autor zum Dichter gemacht hat – gemacht hätte, wenn er den «Flug» gewagt hätte. Aber dann folgte die Verkehrung des «trunkenen Liedes» in die Fabel, deren Lehre lautet: Pädagogik statt Knabenliebe, eheliche Treue statt freier Liebe, Lebenssittlichkeit statt Ästhetizismus. Und so etikettiert Thomas Mann seine berühmteste Erzählung als «Fehlschlag».

Vergebliche Liebesmüh, sich auszumalen, wie das Gelingen ausgesehen hätte. Es blieb eben leider alles beim Alten. «Wie sind Sie über meine Hexameter hinweggekommen?», fragte Thomas Mann Hugo von Hofmannsthal bei seinem Wienaufenthalt im Dezember 1919. Die von Hofmannsthals Tochter Christiane überlieferte Antwort: «Es ist gut, daß sie nicht besser sind.» Vielleicht ist es auch gut, dass der «Tod in Venedig» nicht besser wurde, so gut, wie sein Autor es ursprünglich wollte. So kann aus dem Bedauern Zustimmung werden, und wir können den Vers ändern: «Zum Glück blieb alles beim alten.»

Ein Halbsatz von Thomas Mann

Im zweiten Band der «Joseph»-Tetralogie beginnt das zweite Kapitel des «Fünften Hauptstücks», das die «Fahrt zu den Brüdern» erzählt, mit dem Aufbruch des jungen Joseph nach dem nur wenige Tagereisen entfernten Schekem: «Dieser nun, nicht mehr sichtbar dem Vaterauge, aber an seinem Orte wohlig vorhanden und bei sich selbst, trabte [...] durch das Bergland dahin.» Die paar Worte enthalten, eine goldene Nuss, die ganze, über Jahrzehnte und mehr als tausend Seiten sich erstreckende Geschichte von Vater und Sohn bis zum hochzeremoniellen Wiedersehen, das so spät stattfindet, dass es eigentlich nicht mehr wahr ist. Wahr ist vielmehr, dass Joseph von diesem ersten Ausflug nicht mehr heimkehrt, dass die Fahrt zu den Brüdern schnurstracks in den Brunnen-«Tod» führt, die Trennung endgültig ist. Für Jaakob charakteristische epische Weitläufigkeit prägt den Abschied mit Warnungen, Verboten, Einschärfungen bis zum letzten Lebewohl im Morgengrauen. Der hüftlahme Alte geht sogar noch ein Stück neben dem Esel her, auf dem der über alles geliebte Sohn davonreitet. Geduldig hat Joseph das Übermaß der väterlichen Sorge sich gefallen lassen; er ist nicht ohne Gefühl für das Leid, das er Jaakob mit seinem Aufbruch zufügt, aber die Reiselust überwiegt. Spätestens nach der Wegbiegung, die bei jedem solchen Auseinandergehen unvermeidlich ist und das letzte Band gegenseitiger Sichtbarkeit zerschneidet, liegt der Abschied auch innerlich hinter ihm. Auf den schweren Herzens Zurückbleibenden entfällt das volle Gewicht des Trennungsschmerzes. Der Junge ist dagegen «an seinem Orte wohlig vorhanden und bei sich selbst». In diesem Selbstsein ist kein Platz mehr für Heimweh, Wehmut, Mitleid; seine Kompaktheit lässt nichts Fehlendes zu. Umgekehrt fehlt Jaakob mit dem abwesenden Sohn nahezu alles, was seine Existenz lebenswert und sinnvoll gemacht hat; er kehrt in einen entkernten Alltag zurück, der mit dem entsetzlich langsamen Verheilen der Wunde nur noch trostloser wird.

An Josephs Bei-sich-Sein orientiert sich, sieht man von Jaakobs Vorgeschichten ab, die Handlung des Romans. Denn alle Figuren, die mit ihm in Berührung kommen, geraten mehr oder weniger außer sich bis zum völligen Sich-selbst-abhanden-Kommen von Potiphars Frau. Die sehr verschiedenen Orte, an die Josephs abenteuerlicher Lebensweg führt, konvergieren zu einem einzigen: seinem Ort, an dem er vorhanden ist. Das gilt selbst für die beiden «Gruben», in denen er sich nach jeweils kurzer Zeit zurechtfindet. Er überwindet riesige Strecken, macht ungeheure Wandlungen durch, bis der Sklave zu Potiphars oberstem Hausverwalter, der Sträfling zu Pharaos Freund und dem Ernährer Ägyptens wird – und doch sind es die anderen, die sich auf ihn zubewegen, von ihm sich entfernen; er ist immer und überall ruhende Mitte, pure Gegenwart.

Die Linie, die im wohligen An-seinem-Orte-Vorhandensein entspringt, lässt sich noch über den Roman ins Leben seines Autors ziehen zu jenem oft zitierten Satz, den Heinrich Mann in seinem Erinnerungsbuch «Ein Zeitalter wird besichtigt» als Ausspruch seines Bruders überliefert: «Wo ich bin, ist die deutsche Kultur.» Thomas Mann hat ihn in einem viel später entdeckten Interview am 22. Februar 1938 in New York einem Journalisten der «New York Times» gesagt: «Where I am, there is Germany. I carry my German culture in me.» Inzwischen wurde ein weiterer Text bekannt, der das

Diktum des Dichters dokumentiert. Am 19. März 1938, also wenige Wochen nach dem besagten Interview, verzeichnet der Diarist Thomas Mann die Absicht, einen Aufsatz «Tagebuchblätter» für eine amerikanische Zeitschrift zu schreiben. Der Essay erwies sich aber für die Veröffentlichung an diesem Ort als ungeeignet. Es handelt sich um den berühmten Essay «Bruder Hitler». Die ursprüngliche Einleitung des Textes, den der Exilierte in Beverly Hills bei seinem vierten Amerika- und ersten Kalifornienaufenthalt schrieb, wurde gestrichen. Da heißt es: «Die Stätte meines gegenwärtigen Bleibens und Schreibens scheint excentrisch. [...] Aber ich fühle wenig Neigung, dem Unvermuteten, der Ausgefallenheit meiner Situation nachzuhängen, meine Phantasie davon erregen zu lassen. Es ist ja wie immer. Ein Tisch ist da, ein Sessel mit Lampe zum Lesen, eine Bücherreihe auf der Konsole, – und ich bin allein. Was verschlägt es, daß ich ‹weit weg› bin? Weit weg wovon? Etwa von mir? Unser Zentrum ist in uns. Ich habe die Flüchtigkeit äußerer Seßhaftigkeit erfahren. Wo wir sind, sind wir ‹bei uns›. Was ist Heimatlosigkeit? In den Arbeiten, die ich mit mir führe, ist meine Heimat. Vertieft in sie, erfahre ich alle Traulichkeit des Zuhauseseins. Sie sind Sprache, deutsche Sprache und Gedankenform, persönlich entwickeltes Überlieferungsgut meines Landes und Volkes. Wo ich bin, ist Deutschland.»

Hesse

Nie hat mich der Guru Hermann Hesse interessiert: der Dichter von «Siddhartha» und der «Morgenlandfahrt». Meine Abneigung gegen derlei Esoterik reicht bis in die Gefilde von Kastilien. Auch der Landstreicher-Autor, der «Peter Camenzind» und «Knulp» erfand, ließ mich kalt. Der Lyriker reimt ohne Scheu Herz auf Schmerz, seine viel zu vielen Gedichte waren, von wenigen Ausnahmen abgesehen, schon zur Zeit ihrer Entstehung totgeborene Kinder. Aber sechzehn gewesen zu sein, ohne den «Steppenwolf» gelesen zu haben, ist kaum gutzumachen. Wenn das jugendliche Aufgewühltsein durch diese Lektüre dann noch auf den «Demian» oder auf «Unterm Rad» übergriff, war das kein Irrweg.

Hesse ist aber auch der Verfasser von unzähligen sehr hellsichtigen, urteilssicheren sekundärliterarischen Artikeln und Aufsätzen über Autoren, die allesamt viel besser sind als er. Sie würden ohne weiteres genügen, seinen Namen bis heute (2022 war er sechzig Jahre tot) lebendig zu erhalten. Außerdem hat er Abertausende von Briefen geschrieben, die mindestens die Hälfte seines Werks ausmachen. Ich habe den jüngsten, siebenhundert Seiten starken Band der im Erscheinen begriffenen chronologischen Ausgabe gelesen, die sich zu mehreren vorausgegangenen Editionen gesellt: die Briefe 1940 bis 1946.

Der Dichter spart nicht mit sehr eloquentem narzisstischen Lamento, das einerseits seinem körperlichen Zustand (er ist 1940 dreiundsechzig Jahre alt), andererseits seiner weltberühmten Autorschaft gilt. Er klagt über qualvolle Augenschmerzen, die ihm jedes Lesen und Schreiben verbieten (dabei liest und schreibt er unaufhörlich), jammert über Gicht und Altersabbau. «Hier atmet alles Müdigkeit, Verfall, Unsicherheit, Sterbenwollen», schreibt er am 2. September 1946 an den von ihm hochgeschätzten Schriftstellerkollegen Joachim Maass, und fünf Tage später ausgerechnet an die sich als Naziopfer gebärdende Luise Rinser: «Mein Leben ist ein Trümmerhaufen, ich begreife nicht, warum ich es noch ertrage. Mein Werk ist zerstört [...].» Tatsächlich hatte Peter Suhrkamp während der Nazizeit Hesses zwar nicht verbotene, aber doch unerwünschte Bücher kaum mehr auflegen dürfen, und dann verbrannten auch noch die in Leipzig lagernden Vorräte des ehemaligen S. Fischer Verlags bei einem amerikanischen Fliegerangriff – auf die Amerikaner war Hesse von da an ausnahmslos schlecht zu sprechen: «Es ist die elendeste Nation in puncto Recht und Anstand im Geistigen, die ich kenne.» Ihr Krieg sei «ein wohlgerüsteter Überfall der Barbarei über unser sterbendes Abendland». Angesichts der von diesen Barbaren vernichteten Hesse-Bestände lautet das Resümee eines der produktivsten Schriftsteller aus der ersten Hälfte des 20. Jahrhunderts: «Ich gäbe nicht wenig dafür, wenn ich nie ein Wort geschrieben oder doch publiziert hätte.» Da hat der im Spätherbst 1946 zuerkannte Nobelpreis gerade noch gefehlt. «Der Teufel hole den verfluchten Kram.» Hunderte Leser gratulierten dem Autor, während er selbst über den Preis, der ihm «da auf den Kopf gefallen» sei, noch keinen Augenblick Freude zu empfinden vermocht habe. «Mich kostet dieser Preis außer der Zerstörung meiner Ruhe und der Kur, mindestens ein Jahr des Lebens.» Als er das schrieb, war er im Sanatorium eines befreundeten Psychiaters in der Westschweiz «untergetaucht». Das ihm auf Lebenszeit kostenlos zur Verfügung gestellte Haus im Tessin war abgesperrt worden – auf unbestimmte Zeit. Seine Frau Ninon lebte bei Freunden in Zürich.

Das eigentliche Interesse des Briefbandes liegt auf einem anderen Thema: dem Verhältnis Hermann Hesses zum nationalsozialistischen Deutschland. Auf seine deutsche Leserschaft wollte er keinesfalls verzichten. Ohnehin konnte er als Schweizer Staatsbürger aus dem neutralen Land keine Botschaften gegen den benachbarten Unrechtsstaat richten. Im Hinblick auf die deutsche Schuldfrage sind die Urteile des Dichters widersprüchlich. Nach dem Waffenstillstand von Compiègne im Juli 1940 schreibt er: «Um Frankreich tut einem das Herz weh. Mir aber kaum weniger um die Tausende von Deutschen, die in ihrem ganzen Wesen und Glauben das Gegenteil von Terror und Preußentum sind, und doch der großen Maschine dienen helfen müssen.» «Oft staune ich», heißt es am 28. Dezember 1941, «über die Tapferkeit und Stille, mit der die Leute dort [in Deutschland], die ja nicht recht wissen, um was es geht, und unschuldig sind, die Entbehrungen, Nöte, Verluste und Gefahren ertragen.» Selbst die gegen Kriegsende immer mehr bekannt werdenden «Lagergreuel» ändern an Hesses Verteidigungshaltung nichts: «Während die Affen in England sich jetzt plötzlich über ganz Deutschland empören, als seien die Lagergreuel wirklich vom deutschen Volk begangen, schweigt man von den Tausenden stiller Dulder und Helden, die wie Suhrkamp sich zäh und immer wieder gegen die Übermacht gestemmt, vielmals Freiheit und Leben gewagt, und das deutsche Volk in der edelsten Weise in seiner schwersten Zeit repräsentiert haben» (1. April 1945). Da klang die Rundfunkbotschaft des Freundes Thomas Mann mit dem Titel «Die Lager» vom 8. Mai 1945 doch sehr anders: «Es war nicht eine kleine Zahl von Verbrechern, es waren

Hunderttausende einer sogenannten deutschen Elite, Männer, Jungen und entmenschte Weiber, die unter dem Einfluß verrückter Lehrer in kranker Lust diese Untaten begangen haben.» Deshalb sei «alles Deutsche, alles, was deutsch spricht, deutsch schreibt, auf deutsch gelebt hat, von dieser entehrenden Bloßstellung mitbetroffen».

Aber Hesse ändert seine Meinung, rückt von seinen deutschfreundlichen Äußerungen ab und nähert sich, was das Problem der Kollektivschuld angeht, einer Thomas Mann verwandteren Sicht: «Und doch meint man immer wieder, es müsse sich mit der Zeit doch auch in Deutschland herumsprechen, daß ein Volk nicht bloß Objekt und gelenkte oder mißbrauchte Masse zu sein braucht, sondern Subjekt und mündig und für das, was es tut, der Verantwortung fähig sein könnte» (Mai/Juni 1946). Auf gar keinen Fall will er die «Innere Emigration», diesen von Frank Thieß, wie er annahm, erfundenen «ebenso dummen, wie sprachlich scheußlichen Ausdruck», gelten lassen. Denn denen, die behaupten, «daß sie in all diesen Jahren stets mit einem Fuß im Konzentrationslager gewesen seien», müsse er antworten, dass er «nur jene Hitlergegner ganz ernst nehmen könne, die mit beiden Füßen in jenen Lagern waren, nicht mit dem einen im Lager, mit dem andern in der Partei» (Brief an Deutschland, 23. April 1946).

Penzoldt

Am 28. Januar 1955, einem Freitag, besuchte ich im Münchner Prinzregententheater, der damals noch einzigen Spielstätte der Bayerischen Staatsoper, eine Inszenierung von Carl Orffs «Bernauerin». In der Pause traf ich meinen (entfernt verwandten) Onkel Clemens Podewils, der nicht, wie ich erwartet hatte, über die Aufführung mit mir sprach, sondern sofort den Herztod des dreiundsechzigjährigen Ernst Penzoldt vom Abend vorher erwähnte; er stand sichtlich unter dem Druck des Ereignisses. Dem Generalsekretär der vor sieben Jahren gegründeten Bayerischen Akademie der Schönen Künste war die Gegenwart des Dichters vertraut; Penzoldt gehörte zu ihren ersten und die Atmosphäre des Hauses bestimmenden Mitgliedern und hatte 1949 Thomas Mann bei dem ihm gewidmeten Tee im Prinz-Carl-Palais begrüßt. Zusammen mit Georg Britting und Friedhelm Kemp hatte er mich einmal nach dem Vater meines Regensburger Klassenkameraden Eberhard Dünninger befragt, weil der mit Konrad Weiß befreundet gewesen war. Gelegentlich stand Penzoldt am Ende eines Konzerts im Herkulessaal auf, wie mir schien, ziemlich krummen Beinen und ließ die Leute an sich vorbei ins Freie strömen. Ich grüßte ihn, wagte aber nicht, ihn anzusprechen. Nun stieß ich im Augustheft der «Akzente» auf Thomas Manns Nekrolog, den ein inzwischen Toter dem toten Freund nachrief. Man wundere sich, hieß es da, warum die Natur «einen so lange als Subjekt sich gegenüber hält, der immer noch schaut, kämpft und dabei Verlust über Verlust erleidet».

Zwei letzte Bücher: Thomas Manns «Felix Krull» (1953) und Ernst Penzoldts «Squirrel» (1954). Ich hatte beide in druckfrischem Zustand gelesen. Squirrel verkörpert fast alles, was seinem Erfinder lieb und teuer war und was dieser seit den frühen zwanziger Jahren in Erzählungen und Theaterstücken in immer wieder neuen Variationen gestaltet hat: die Anmut, den Reiz einer von keiner Herkunft, keiner Verstrickung in Zeitumstände belasteten, nahezu schwerelosen Jünglingsexistenz. Unverhohlen preist Penzoldt diese rascher Vergänglichkeit ausgelieferte Erscheinungsform männlichen Daseins im Vorwort zu einem Buch, das unter dem schlichten Titel «Jünglinge» einschlägige berühmte Bilder versammelt: «Ihr einziges Verdienst ist der Zauber ihrer Jugend, und diese holde Blütezeit erscheint wie ein Augenblick nur gegen das lange Leben gehalten. Mann und Greis kann man sehr lange sein, die Jünglingszeit ist grausam kurz.» Squirrel ist ein bekennender Nichtsnutz. «Wir haben es [...] über dem weit überschätzten ‹Nutzwert› des Menschen einfach verlernt, das bloße Dasein recht zu schätzen, ich meine: die Lust zu leben.»

Lang nach Penzoldts Tod, in den achtziger Jahren, hatte ich durch meine Freundin Ellen Groethuysen das Glück, die zahlreichen Briefe, die der Dichter an den jüngeren Bruder ihres Mannes, Ulrich Groethuysen, gerichtet hatte, mit nach Hause nehmen zu dürfen; einen durfte ich sogar behalten. Diese Briefe sind zum großen Teil Bilderbriefe, also vom bildhauerisch und malerisch nicht weniger begabten Verfasser illustriert, oft durch eine zentrale Zeichnung in ihren nicht ganz leicht lesbaren deutschen Schriftzügen unterbrochen. Ich war trotz aller früheren Lektüre-Eindrücke überrascht, dass es sich bei diesen Episteln meistens um Liebesbezeugungen an den mehr als dreißig Jahre jüngeren Freund handelt. Penzoldt hatte 1922 die Schwester des Verlegers Ernst Heimeran geheiratet; der Sohn Günther kam 1923, die Tochter Ulla vier Jahre später zur Welt, und das allem Anschein nach harmonische Familienleben dauerte bis zu Penzoldts Tod. Die Tochter hat das Werk des vorzeitig gestorbenen Vaters noch über seinen hundertsten Geburtstag hinaus betreut und liebevoll über ihn geschrieben. Penzoldt lernte den fünfzehnjährigen Ulrich Groethuysen während des Krieges kennen. «Mein» Brief, kein Bilderbrief mehr, stammt vom 19. April 1952, da war der Adressat längst dem Jünglingsalter entwachsen, also ein «Ehemaliger». Er hatte Medizin studiert und bildete sich an der Mayo-Klinik in Rochester/Minnesota fort. Längst gab es Nachfolger in der Rolle des Freundes, von dem es, wie Penzoldt schreibt, keinen Plural gebe. Das hieß aber nicht, dass alte Freunde durch neue ersetzt wurden. Zwar habe der gegenwärtige Freund, ein Klaus, alles Zeug dazu, «das Glück lebendig werden zu lassen, das die Summe aller bisherigen Glücke darstellt», aber «sehen würde ich Dich gern, auch wenn Du nicht mehr lange Haare trägst, mit denen ich so gern spielte wie Sokrates mit Phaidons Haaren». Ich blickte durch einen schmalen Spalt in ein von der Familie offenbar freundlich geduldetes Doppelleben, dessen anderer Schauplatz hauptsächlich Kampen auf Sylt war, wo Peter Suhrkamp ein seinen Autoren gern zur Verfügung gestelltes Haus besaß.

Nach einem Herzinfarkt im Dezember des Erscheinungsjahrs von «Squirrel» konnte Penzoldt wegen Komplikationen mit der Lunge wochenlang das Münchner Krankenhaus nicht verlassen. Ich hatte mir die letzte Botschaft an seinen Uli kopiert, eine Postkarte, die am 13. Januar, vierzehn Tage vor dem tödlichen zweiten Herzanfall geschrieben und nach Rochester adressiert war: «Ich habe immer große Freude an Dir gehabt. Bleib gesund und werde nie Durchschnitt. Es ist so bequem, ich weiß. Du mußt ein ganz pfundiger Arzt werden. Du hast das Zeug dazu und das Gesicht. Denk ein bißchen an mich. Ich möchte ganz gern noch ein bißchen bleiben. Es ist zu schön.» – Ulrich Groethuysen wurde kein oder nur für kurze Zeit ein «pfundiger Arzt». Er erschoss sich im Keller der elterlichen Villa in München-Neuhausen.

Loerke

«Einladung» ist ein achtstrophiges Gedicht von Oskar Loerke überschrieben. Es reflektiert in hochpoetischen Versen die mangelnde Resonanz der Zeitgenossen auf das lyrische Werk des Autors, ist also ein Gedicht über das eigene Dichten.

> Den Gruß der Welt hab ich in klaren frommen
> Gedichten mir zum Gegengruß gespart.
> Ein Mitmensch hat ihn selten angenommen
> Im Blühen meiner Gegenwart.

Loerke charakterisiert seine Dichtung als «Gegengruß» an die Welt, deren Phänomene er als Sprache versteht, die zu ihm spricht: als Gruß. In der letzten Strophe wird das eigene lyrische Werk, diesen Gruß erwidernd, zum Dankesfest. Zum Fest aber gehören die Geladenen, die es mit dem Gastgeber gemeinsam begehen. Zur Lyrik gehören die Hörer; das schönste Gedicht bleibt stumm, wenn kein Ohr sich ihm öffnet.

Sieben Gedichtbücher hat Loerke zwischen 1911 und 1936 veröffentlicht. Sie wurden vielfach besprochen, aber wenig gelesen. Unter dieser weitgehenden Nichtbeachtung hat er, wie seine Tagebuchaufzeichnungen bezeugen, sehr gelitten. Aber der immense Zustrom an Worten, Reimen, Bildern wurde weder durch Erfolglosigkeit noch durch die jahrzehntelange zermürbende Berufsarbeit des Lektors im S. Fischer Verlag für längere Zeit unterbrochen. Loerke hat an seiner Lyrik wie an einer Kathedrale geplant und gebaut. Gedichte stellten sich nicht einfach ein, sammelten sich an, um in gewissen Zeitabständen in Einzelbänden herauszukommen. Vielleicht ist nur das Werk von Stefan George mit vergleichbarer Stringenz komponiert. Selbst bei Rilke scheint mir mehr der Inspirationszufall zu regieren.

Allerdings sind Loerkes Strophen längst nicht so unmittelbar dem für Dichtung empfänglichen Ohr zugänglich wie viele Gedichte seiner bedeutenden lyrischen Zeitgenossen: Hofmannsthal, Rilke, George, Trakl, Heym, Ricarda Huch, Lasker-Schüler, Werfel, Benn, Brecht, Lehmann, Britting, von der Vring. Diese Gedichte fallen uns zu bei verschiedensten Gelegenheiten, oft nur eine Strophe, eine Zeile, verfolgen uns, prägen sich unvergesslich ein. Loerkes Siebengesang muss man sich erschließen wie die «Kunst der Fuge» oder die späten Quartette Beethovens. Dazu fehlte es den «Mitmenschen» an Liebeslangmut. Aber da ist der Trost einer anderen Nachwelt. Die sechste Strophe der «Einladung» lautet:

Doch ist ein Trost: gewiß zu hoffen,
In diese Stunde kommen einst Gesellen.
Was jetzt mein Mund sagt, hört ihr Ohr dann offen,
Was mir jetzt hell ist, wird sie dann erhellen.

Natürlich (natürlich?) hatte Loerke Freunde, die für seine Gedichte ein offenes und hochsensibles Ohr hatten: einen Hermann Kasack, einen Wilhelm Lehmann, einen jungen Günter Eich. Aber das genügte nicht, die bösen Geister der Vergeblichkeit von Loerkes lyrischer Produktivität zu vertreiben. In den von den Wandregalen wie Totenköpfe herabnickenden Dichtern erscheint auch die eigene Zukunft; mit dieser niederschmetternden Vision beginnt das Gedicht:

Rings Bücherwände, unstet kühl belichtet,
Entrückt dem Jetzt: viel Geist, viel Qual –
Als nickten Schädelreihen, hochgeschichtet,
Aus Katakombennacht: dies war einmal.

Gegen dieses drohende Los des Lyrikers wird die «Einladung» an künftige Leser aufgeboten; die letzte Strophe lautet:

Komm du und du, ihr seid geladen,
Mein Dankfest glüht nochmals in eurem dann,
Und andrer Amseln, anderer Zikaden
Gesang hört ihr mit meiner Seele an.

Es ist nie zu spät; auch ich fühle mich gemeint mit diesem «du». Nach Loerkes Tod hat es manchen tatkräftigen Versuch gegeben, die sieben Gedichtbücher und den Nachlass von einigen hundert Gedichten dem Verfallen an die Katakombennacht zu entreißen: eine schöne zweibändige Ausgabe, deren erster Band alle Gedichte und ein paar Essays über Lyrik enthält, einen sehr gewichtigen Aufsatz Hermann Kasacks, der das Charakterbild des Dichters zeichnet, zwei Symposien in Marbach. Aber das alles ist lang vorbei, und der tote Loerke wurde nur zu kurzfristigem Nach-Leben erweckt. Ich will trotzdem seine Einladung annehmen und die sieben Gedichtbücher nebst Nachlass so systematisch «durchnehmen», wie sie entstanden sind. Kann sein, dass ich scheitere.

Eine Meise unterwegs zu Heraklit

Von Werner Bergengruen stammt ein seinerzeit vielgeliebtes Gedicht mit dem Titel «Die Meise». Obwohl ich nicht vorhabe, es zu interpretieren, zitiere ich es vollständig, weil man Lyrik möglichst nicht exzerpieren soll:

> Könnte ich dir sagen, kleine Meise,
> wie ich dir so wohl gesonnen bin!
> Lockend vor dem Fenster liegt die Speise,
> doch du Ängstliche wagst dich nicht hin.

> Und wie oft du hurtig angeflogen,
> zitternd zwischen Bängnis und Begehr,
> jedesmal hats dich zurückgebogen
> und gezwungen doch zur Wiederkehr.

> Immer wohl im winzigen Flügelleibe
> wird das Herz dir vor Erschrecken kalt,
> siehst du durch die unbegriffne Scheibe
> düster meine riesige Gestalt.

> Jetzt! Im Fluge griffest du die Beute,
> birgst sie flink in Zweigicht und Genist.
> Wüßtest du, daß i c h die Nahrung streute,
> ohne Feindschaft, ohne Hinterlist,

> daß du Gerngeschenktes fortgetragen,
> fürchtig wie gestohlenen Gewinn –

kleine Meise, könnte ich dir sagen,
wie ich dir so wohl gesonnen bin!

Ach, es bangte dir vor keinem Zorne,
kämest wie der fromme Hund zum Herrn,
selig schmaustest du von fettem Korne
und der Sonnenblume süßem Kern.

Ließest dich auf meiner Schulter nieder,
und die Krume nähmst du mir vom Mund,
kehrtest traulich alle Morgen wieder,
und wir schlössen einen langen Bund.

Ihr in Wipfeln und in grauen Nestern,
Ruhelose zwischen Flucht und Schmaus,
kleine Meisen, meine scheuen Schwestern,
wie getreu sprecht ihr mich selber aus!

Allenthalben ist mein Tisch gerichtet,
weißes Brot und schwarzer Wein im Krug,
Süß und Bitter ward mir zugeschichtet,
und der große Wirt ist ohne Trug.

Ach, es bangte mir vor keinem Grimme
und mich drückte keine Kümmernis,
ach, verstünde ich nur seiner Stimme
stille Ladung: Nimm getrost und iß.

Es geht mir um eine bestimmte Denkform mit dem leider sehr unpoetischen Namen der «mittleren Proportionale», die auch eine algebraische Formel gefunden hat: $a : b = b : c$. Das

Gleichheitszeichen darf hier nicht im Sinn mathematischer Genauigkeit verstanden werden. Diese Denkform liegt dem Gedicht von Bergengruen zugrunde. Der Buchstabe a bezeichnet die Meise, die am Fensterbrett des Dichters (bzw. des Ichs, das ihn vertritt) gefüttert wird, das zweimal vorkommende b ist einerseits ihr menschlicher Wirt, andererseits jemand, der sich an dem durch Brot und Wein symbolisierten unermesslichen Reichtum der Erde labt. Deren Schöpfer wird als «großer Wirt» erkannt, und für ihn steht das c. Die Meise verhält sich zum sie nährenden Menschen wie der sich nährende Mensch zu seinem Nahrungsspender Gott.

In jenem wie diesem Verhältnis existieren vergleichbare Unstimmigkeiten. Die Meise reagiert auf ihren Wohltäter, den sie als solchen gar nicht erkennt, mit Angst und Flucht. Ein jede Feindschaft, jede Hinterlist, jedes Misstrauen ausschließender Bund zwischen Mensch und Tier, wie er der Wohlgesonnenheit des Menschen wenigstens in diesem Fall entspräche, bleibt Wunsch ohne Aussicht auf Wirklichkeit. Das Verhältnis zwischen Mensch und Gott ist ebenfalls durch Nichtverstehen und Furcht gestört. Das zweifache «ach» und der Irrealis der letzten Strophe scheinen keine Hoffnung auf Änderung zuzulassen. Es gibt sie aber – dank der Denkform der mittleren Proportionale. Das Wissen, dass die Meise sich täuscht, dass ihr in Wahrheit keinerlei Gefahr von ihrem Wirt droht, könnte grundlegend sein für eine Religiosität des absoluten Vertrauens auf Gottes Güte.

Die hier vorliegende Denkform ist von dem frühgriechischen Philosophen Heraklit (etwa 500 v. Chr.) in die griechische und damit europäische Denkgeschichte eingeführt worden. In seinen «Fragmenten» (es sind keine) begegnen wir ihr auf Schritt und Tritt. Ich zitiere nur ein einziges, freilich besonders eindeutiges Beispiel: «Der Mann gilt vor Gott als kindisch, wie der Knabe vor dem Mann.» Hier ist allerdings die Reihenfolge der beiden Verhältnisse vertauscht; um sie dem Meisenbeispiel gleichzustellen, müssen wir sie umkehren: Das Kind (a) verhält sich zum erwachsenen Mann (b) wie der erwachsene Mann zu Gott (c). Es versteht sich von selbst, dass das Kind hier als ein im Vergleich zum Erwachsenen körperlich und geistig defizientes Lebewesen fungiert. Es ist hilflos und ahnungslos, ihm fehlt in jeder Hinsicht die Reife. Der Mann aber, der gegenüber dem Kind als vollkommenes Naturprodukt erscheint, im Vollbesitz aller Eigenschaften und Fähigkeiten, über die das Kind noch nicht verfügt, wird durch den zweiten Vergleich seinerseits auf die Unvollkommenheit des Kindes zurückgestoßen: Vor Gott ist er ein «nēpios» – das Wort unterstreicht seine Unmündigkeit, Unwissenheit, Tölpelhaftigkeit. Der Zusammenbruch des ersten Kontrasts angesichts des zweiten kommt in der drittletzten Strophe von Bergengruens Gedicht sehr schön zum Ausdruck, in der die Meisen zu «scheuen Schwestern» des Dichters werden und dieser sich mit ihnen identifiziert: «Wie getreu sprecht ihr mich selber aus!»

Was will Heraklit mit der Anwendung seiner bevorzugten Denkform erreichen? Es geht um das, was in unserer algebraischen Hilfsformel mit c gemeint ist: Annäherung des Denkens an eine höchste maßgebende Wahrheit, die den Sinnesorganen entzogen bleibt. «Schlechte Zeugen sind den Menschen Augen und Ohren, wenn die Seele deren Sprache nicht versteht», lautet ein Fragment Heraklits (übersetzt von Bruno Snell). Die Sprache der Augen und Ohren in die des Denkens zu übersetzen, ist die eigentliche Aufgabe der Philosophie. Dazu muss aber erst die vermeintliche Glaubwürdigkeit unserer Alltagserfahrung zersetzt werden. Im Gedicht ist es die Überlegenheit des Mannes hinter der Fensterscheibe, der es anders, besser zu wissen glaubt als die Meise vor dem Fenster. Diese Scheibe wird zerbrochen; a und b werden eins. Bei Heraklit ist der Übergang zum zweiten Kontrast gern als Durchbruch gezeichnet: Homer wird von Lausejungen zum Besten gehalten und verliert mit einem Schlag sein Ansehen als weisester aller Dichter. Der Unterschied zwischen Schlafen und Wachsein fällt zusammen, wenn ein plötzliches Erwachen den Denkenden erkennen lässt, dass der Wachzustand der gewöhnlichen Menschen auch nur ein gedankenlos träumerisches Dahinleben ist.

Immerhin gibt der vertraute Kontrast die Richtung an, in der sich das Denken der Wahrheit zu bewegen hat. Im Gedicht geht diese Bewegung aus von kleinen, auf Nahrung angewiesenen Lebewesen über ihren in seiner Wohlgesonnenheit unerkannten Wirt zum Verhältnis zwischen dem hilfsbedürftigen Menschen und Gott als dem Geber alles Guten. Das bedeutet keine volle Erkenntnis der Wahrheit, keine umfassende Antwort auf die Frage nach dem Wesen Gottes. Nur ein Aspekt dieses Wesens leuchtet ein: Gott als der große Wirt ohne Trug. Dieses mittels der heraklitischen Denkform erzielte Ergebnis beruht auf einem Analogieschluss. Analoges Denken setzt freilich das Vorhandensein von Entsprechungen, mit denen es arbeitet, schon voraus. Der unbekannte Makrokosmos muss Strukturen aufweisen, die den Proportionen des uns bekannten Mikrokosmos vergleichbar sind. Nicht von ungefähr lautet der Titel eines Romans von Bergengruen «Am Himmel wie auf Erden». Aber der Blick der Astrophysik in den Himmel hat das Bild des Schöpfers, der den Menschen mit unendlicher Wohlgesonnenheit zugewandt ist, eher verstellt. Die Entdeckungsreise führte zu den Schwarzen Löchern.

Erschöpfbarkeit von Kunstwerken

Gern wird beteuert, große Kunstwerke seien unerschöpflich. Das sind sie vielleicht, wenn man an die Rezeption beispielsweise der Sixtinischen Kapelle denkt, an die Tausenden, die sich täglich in ihr drängen. Oder auch an die immer wieder neuen Interpretationen, zu denen eine «Antigone», ein «Parsifal» bedeutende Regisseure einladen. Mir geht es aber um das Verhältnis des einen Rezipienten zum einzelnen Werk, das in seinem Leben eine wesentliche Rolle spielt. Konnte ich mich je satthören an der «Unvollendeten», sattlesen am «Faust»? Natürlich gab es Ermüdungserscheinungen. Aber die gingen auf mein Konto; schuld war das begrenzte Aufnahmevermögen eines den Ablenkungen des Alltags ausgelieferten Ichs. Inzwischen mache ich aber eine gegenteilige Erfahrung. Es liegt nicht nur an mir, wenn von so manchen einst über alles geliebten Gebilden keine Anziehungskraft mehr auf mich ausgeht. Ich habe den «Ring» außerordentlich oft erlebt, allein in Bayreuth zwanzigmal (das sind achtzig Abende), habe den «Taugenichts» mindestens zehnmal gelesen. Wir leben normaler-, vielleicht glücklicherweise nicht lang genug, um die meisten bewunderten Kunstwerke auszulieben. Aber mit Schrecken habe ich eines – späten! – Tages erkannt, dass ich von Wagner keine weiteren Offenbarungen erwarten kann, der «Malte Laurids Brigge» mir nichts Neues mehr sagen wird. Es ist, wie wenn in einer zunächst bis oben mit Süßigkeiten gefüllten Dose der Boden sichtbar wird.

Mit anderen Worten

Die Wendung, in rein literarischen Texten als Aussage des Autors undenkbar, tritt immer wieder in Werken nichtfiktiver Sorte nach komplizierten Passagen auf und verspricht dem gepeinigten Leser Erleichterung. Jedenfalls habe ich sie oft als ein solches Versprechen willkommen geheißen, wenn ich festsaß. Der Autor erfüllt es nicht immer. Er hat sich vergaloppiert und gerät beim zweiten Anlauf nur tiefer ins Dickicht der Schwerverständlichkeit. Aber von dieser Zweckverfehlung abgesehen, gibt die schriftstellerische Absicht, die als unzureichend empfundene Erhellung eines dunklen Tatbestands durch eine zweite Fassung zu verbessern, Fragen auf. Die Betonung des Andersseins – «Mit anderen Worten» oder, wie man auch lesen kann, «Nochmals anders gesagt» – lässt keinen Zweifel übrig, dass es sich nicht um eine Ergänzung, sondern einen Ersatz handelt. Warum wird dann aber die ungenügende und folglich korrigierte Stelle nicht gestrichen? Wird hier für zweierlei Leser formuliert, den hochbegabten einerseits, den Normalverbraucher andererseits? Oder offeriert der Autor beide Versionen generös zur Auswahl? Will er zu verstehen geben, dass die Wahrheit nicht auf *einem* Weg zu erreichen ist?

Auf die Ankündigung der anderen Worte statt der eben kunstvoll gebrauchten für ein und denselben Sachverhalt folgen meist nur wenige Sätze vielleicht etwas größeren Umfangs, weil die lakonische Meisterschaft der vorausgehenden Passage sich dem Begriffsvermögen des Rezipienten entzog. Aber es existiert ein die üblichen Dimensionen sprengendes Beispiel mit dem umgekehrten Ergebnis. Ich spreche von

Kants 1783, zwei Jahre nach der «Kritik der reinen Vernunft», publizierten «Prolegomena zu einer jeden künftigen Metaphysik die als Wissenschaft wird auftreten können». Die «Kritik» geriet schnell in den Ruf undurchdringlicher Schwierigkeit; Herder nannte sie ein «Reich unendlicher Hirngespinste», und der von Mendelssohn mit «Alleszermalmer» titulierte Verfasser besorgte, man werde «sie nicht verstehen, weil man das Buch zwar durchzublättern, aber nicht durchzudenken Lust hat». So wollte er einer «gewissen Dunkelheit» der Untersuchung «durch gegenwärtige Prolegomena abhelfen». Als ich bei der Lektüre der «Kritik» schon im ersten Drittel stecken blieb und ich irgendwo las, Kant habe sich bei der Niederschrift seiner anderen Worte den Diener Lampe als Leser vorgestellt, verschaffte ich mir eilends die vereinfachte Neufassung – zufällig waren die «Prolegomena» in der in Riga bei Johann Friedrich Hartknoch gedruckten Erstausgabe zu haben «mit dem letzten leeren Blatt». Und siehe da: Die 222 Seiten waren relativ leicht und schnell zu bewältigen. Leider belehrte mich die zuletzt gelesene Vorrede, dass der anders gesagte Ersatz das Ersetzte keineswegs überflüssig mache: «Jenes Werk, welches das reine Vernunftvermögen in seinem ganzen Umfange und Grenzen darstellt, bleibt dabey immer die Grundlage, worauf sich die Prolegomena nur als Vorübungen beziehen; denn jene Critik muß als Wissenschaft, systematisch, und bis zu ihren kleinsten Theilen vollständig darstehen, ehe noch daran zu denken ist, Metaphysik auftreten zu lassen, oder sich auch nur eine entfernte Hoffnung zu derselben zu machen.»

Mit anderen Worten: «Lasciate ogni speranza!»

Unwörter (1): «Spannend»

Nur ein Vorgang, dessen Ausgang offen ist und von einem wahrnehmenden Subjekt mit Anteilnahme verfolgt wird, kann Spannung erzeugen. So kann von einer spannenden Geschichte die Rede sein oder metonymisch von einem spannenden Buch. Aber nie und nimmermehr von einem spannenden Bild, einem spannenden Menschen, einer spannenden Aussicht auf ein spannendes Panorama mit spannendem Sonnenuntergang. Seit ein paar Jahren wird das unschuldige Wort jedoch inflationär missbraucht. Auch für spannende Vorgänge empfehlen sich Adjektive wie «interessant», «aufregend», «atemraubend», «mitreißend».

Unwörter (2): «Unverzichtbar»

Dieses sehr beliebte Adjektiv verdankt seine Existenz einem plumpen Grammatikfehler. Die Silbe «-bar» gibt ihm eine passive Bedeutung: Es darf oder kann kein Verzicht geleistet werden auf Abstandsregeln, Maskenpflicht, Schnelltests, die nun einmal nach dem Gebot des jeweils amtierenden Unverzichtbarkeitsministers polizeilich durchzusetzen sind. Ein persönliches Passiv kann aber nur von transitiven Verben gebildet werden, also solchen, die im Aktiv ein Akkusativ-Objekt zu sich nehmen können. «Wir essen seit Tschernobyl keine Pilze mehr, obwohl die meisten in unseren Wäldern gedeihenden essbar sind.» Das Verbum «verzichten» kann sein Objekt nicht im Akkusativ anschließen, sondern muss eine Präposition zu Hilfe nehmen, ist also intransitiv. «Wir verzichten nicht nur am Karfreitag *auf* Billigfleisch.» Folglich wird Fleisch weder verzichtet noch ist es verzichtbar. Auf das falsche Adjektiv «unverzichtbar» kann man angesichts des Reichtums unserer Sprache problemlos verzichten. Wir können es ohne weiteres entbehren, folglich vermeiden. Nahezu alles, was angeblich «unverzichtbar» ist, ist «unvermeidlich» oder «unentbehrlich».

Unwörter (3): «Geschuldet»

Vor zwanzig Jahren existierte dieses als Adjektiv verwendete Partizip Perfekt Passiv nicht. Einer, der sich besonders gewählt ausdrücken wollte, muss es erfunden haben. Mittlerweile ist das verbale Virus nicht nur in unzählige Zeitungsartikel, sondern auch in die allerfeinste Literatur eingedrungen. So stoße ich in einem Buch der hochangesehenen Schriftstellerin Esther Kinsky («Hain», Suhrkamp Verlag 2018) auf einen italienischen Leichenwagenfahrer, der «in seiner Haltung etwas fast Militärisches hatte, was vielleicht auch seiner schweren Schirmmütze mit einem goldenen P geschuldet war». Warum, ach, schreibt sie bei täglich rasant steigenden Inzidenzwerten dieser Vokabelseuche in sprachgesundheitlichem Verantwortungsbewusstsein nicht: «was vielleicht auch an seiner schweren Schirmmütze ... lag»? Das Verbum «schulden», das hier in Form eines grammatikalisch anfechtbaren Verbaladjektivs einer ambitionierten Autorschaft zur Ehre gereichen soll, ist, abgesehen von seiner Eigenschaft als dummes Modewort, das in der deutschen Literatur von Grimmelshausen bis Ingeborg Bachmann nicht vorkommt, vor allem im Hinblick auf den leichtfertigen Missbrauch des Schuldbegriffs zu vermeiden. Die Mütze ist schuld an der militärischen Haltung des Mannes. Die unter der Last dieser Schuldzuweisung zu einem Knäuel zusammengedrückte Mütze verdient weniger unsere Aufmerksamkeit als unser Mitleid.

Unwörter (4): «Wissen um»

Es wird höchste Zeit, wieder einmal an Dolf Sternbergers großartigen Artikel im «Wörterbuch des Unmenschen» von 1957 zu erinnern. Wer ihn einmal wachen Sinns gelesen hat, wird es nie wieder über sich bringen, diese für den «Jargon der Eigentlichkeit» charakteristische, aus ihm geborene Wendung der fünfziger Jahre, aus der man die Nebelschwaden eines ganzen Zeitalters aufsteigen lassen könnte, zu gebrauchen. Aber weil diese (zunächst in der Zeitschrift «Die Wandlung» von 1945 bis 1948) auf die Sprache des «Dritten Reichs» antwortende Sprachkritik vergessen ist, hat sich das «Wissen um» heute in allen Zeitungsbeiträgen, in denen es um «Höheres» geht, erst recht in der gesamten Essayistik der Gegenwart als ein seit siebzig Jahren wuchernder Wort-Neophyt ausgebreitet. Jüngst las ich in einem respektablen Bestseller, es gehe «um ein Wissen um die Wichtigkeit eines guten Verhältnisses zum eigenen Körper»; das ist mindestens ein «um» zu viel, und zwar das zweite. Sternberger spricht von Selbstentmannung des erkennenden Geistes. «Der Darumwisser braucht nichts zu lernen, braucht nichts erst gesehen und erfahren, das Gesehene und Erfahrene nicht erst angesammelt zu haben, – er weiß ja schon darum.» Der Wissende hat die Wichtigkeit eines guten Verhältnisses zum eigenen Körper erfahren, nun weiß er von ihr oder ist sich ihrer bewusst.

Unwörter (5): «Männerfreundschaft»

Dieses Unwort betont die Abwesenheit des Sexuellen, als ob es eine asexuelle Freundschaft nur zwischen erwachsenen Männern gäbe. Als ob es andererseits Freundschaft überhaupt je ganz ohne sexuelle Anteile gäbe, sofern Sexualität über puren genitalen Magnetismus hinausgeht. Freundschaft ohne Genitalität ist nicht auf Gleichgeschlechtlichkeit und ebenso wenig auf Gleichaltrigkeit angewiesen. «Männerfreundschaft» aber legt die Vorstellung von bejahrten zigarrenrauchenden Herren nahe, die sich von Zeit zu Zeit unter Vernachlässigung ihrer Frauen, mit denen sie schon seit vielen Jahren verheiratet sind, zusammentun, um einer gemeinsamen Liebhaberei nachzugehen: der Jagd, dem Segeln, dem Bergwandern oder entsetzlicherweise dem Singen in einem Männerchor.

Zur Freundschaft gehören Unterschiede. Deswegen ist die Freundschaft zwischen Mann und Frau ein Geschenk der Götter. Und deswegen ist Gleichaltrigkeit kein sehr freundschaftsförderliches Element – von der Jünglings- und Jungmädchenfreundschaft abgesehen, die ihr eigenes Gesetz haben. Meine männlichen Freunde sind alle jünger als ich. Das hängt weniger mit meinem fortgeschrittenen Alter zusammen als mit dem meiner Freundschaftsfähigkeit entgegenkommenden Gefälle; tatsächlich sind die meisten meiner Freunde ehemalige Schüler von mir. Übrigens ist es ein geradezu unerhörtes Glück, im Alter neue Freunde zu finden, die ihrerseits noch reich an Zukunft sind.

Schüttelreime

Das Schüttelreimen ist eine Suchtkrankheit: Der von ihr Befallene kann es nicht lassen. Die einfache Form besteht in der Vertauschung der Anfangsbuchstaben von zwei Reimwörtern. Wie beim Reimen regiert der Zufall des Vorhandenseins von passendem Sprachmaterial. Von allen Weltreligionen kommt für ein unbestimmtes Du im denkbar kürzesten Schüttelreim nur der Buddhismus in Frage: «Du bist / Buddhist.» Bekanntlich ist nicht alles, was sich reimt, schon deswegen ein Gedicht. Auch müssen nicht alle Gedichte sich reimen. Aber erstaunlich viele tun es. Und noch große Passagen des größten deutschen Dramas, auch des letzten Aktes seines zweiten Teils, sind gereimt und bieten trotzdem der Interpretationsgier unendlichen Stoff. Ich sage «trotzdem», weil Schönheit der Sprache und Wahrheit des durch sie Ausgedrückten zweierlei sind. Die Verführungskraft des Reims ist ungeheuer; fast alles, was an der Sprache Musik ist, steckt in ihm. Die Selbstbeschränkung aber, die ein Dichter durch den Zwang zum Reim sich auferlegt, ist beim Schüttelreim tausendmal größer. Da bleibt es denn oft beim bloßen Spiel, das wie jedes Spiel durch seine Regeln definiert ist. Der Ehrgeiz des Schüttelreimproduzenten geht jedoch darüber hinaus: Aus den durch Schüttelreim aufeinander bezogenen Versen soll sich ein anderswie nicht oder nur auf Umwegen erreichbarer Sinn ergeben. Das gelingt nur sehr selten wie in dem genialen Schüttelreim des Pianisten Arthur Schnabel: «Am Anfang war auch Schnabel nur / das Ende einer Nabelschnur.» Das Verspaar ist hier durch die Gegensatzspannung von «Anfang» und «Ende» zusätzlich bereichert. Hinzu kommt die in dieser Spannung ausgedrückte Eitelkeit: Das Neugeborene, das die Biologie seiner Entstehung mit allen Menschen teilt, hat es zu einer Künstlerschaft gebracht, durch deren Einzigartigkeit sich der Erwachsene von allen Menschen unterscheidet. Aber diesem enormen Selbstwertgefühl wird der Stachel gezogen durch den Sprachwitz des Schüttelreims. Die Aussage eines Schüttelreims steht in jedem Fall sozusagen zwischen Anführungszeichen. Der Schüttelreim ist das Körnchen Salz, das seiner Wahrheit den letzten, meist auch den vorletzten Ernst nimmt. Ich liebe das Gedicht «Reisen» von Gottfried Benn mit der Anfangszeile «Meinen Sie Zürich zum Beispiel» und der sehr ernst gemeinten Endstrophe: «ach vergeblich das Fahren! / Spät erst erfahren Sie sich; / bleiben und stille bewahren / das sich umgrenzende Ich.» Müsste ich mich aber entscheiden zwischen diesem Gedicht und dem Verspaar: «Den Toren packt die Reisewut, / indes im Bett der Weise ruht», würde ich, ohne zu zögern, dem Schüttelreim den Vorzug geben.

Genieverdacht

Das Wort fand sich irgendwo bei Freud; es blieb hängen und wanderte in meinen Lieblingswortschatz. Musil sagt von seinem eigenschaftslosen Helden, er «konnte sich keiner Zeit seines Lebens erinnern, die nicht von dem Willen beseelt gewesen wäre, ein bedeutender Mensch zu werden». Das trifft auch auf meine Erinnerung zu. Der Impuls zu diesem Wunsch war die Angst vor der Mittelmäßigkeit. Nur nicht werden wie alle, verwechselbar mit Jedermann, nur nicht Durchschnitt sein!

Das Fatale sei bloß gewesen, fährt Musil fort, «daß er weder wußte, wie man einer wird, noch was ein bedeutender Mensch ist». Das war nicht mein Problem. Um bedeutend zu sein, musste man über ein kreatives Talent verfügen, das man nicht brachliegen lassen durfte. Ich war in vieler Hinsicht auffallend untalentiert, konnte weder zeichnen noch malen, blieb dem Klavier die Übungsausdauer schuldig, stillte meinen mageren sportlichen Ehrgeiz mit Radfahren und Schwimmen. Für eine wissenschaftliche Beschäftigung mit den Fächern, in denen ich ein guter Schüler war, den alten Sprachen und der Muttersprache, fehlten mir Entsagungswillen, Ehrgeiz und Liebe. In dieser Begabungswüste fand sich nur eine eng umgrenzte Oase mit einem halbwegs verlässlich sprudelnden Quell: meine Freude am Schreiben. Es gab keine Gefahr, mich an zwei oder mehr künstlerische Fähigkeiten zu zerstreuen, ich musste mich nicht zwischen ihnen entscheiden. Diese Einseitigkeit wertete ich als Eindeutigkeit, und so genügte der eine Quell, um den Genieverdacht zu nähren.

Als Lehrer, da hatte ich schon die meisten Federn gelassen, begegnete ich zahlreichen von ihrem künftigen Geniestatus fraglos überzeugten Jugendlichen; fast schien es so, als brauche ein Siebzehnjähriger ohne Genieverdacht gar nicht erst erwachsen zu werden. Aber wie bald erweist sich der Sog der breiten Straße, auf dem die Mehrheit wandelt, als stärker. Beethoven in spe wird Rechtsanwalt oder Anlageberater. Wehmütig oder mitleidig oder verächtlich blickt er auf die Zeit seines Größenwahns zurück. Und mit ihm versinkt die Übergangsfigur des Lehrers ins Unwirkliche.

Gymnasiale Klassengesellschaft

Heute nacht habe ich wieder einmal von der Schule geträumt. Ich hatte eine Klasse «in Latein» bekommen. Die Schüler waren im Durchschnitt vierzehn, also handelte es sich um eine «Achte». Sogleich begann mein Werben um ihre Gunst. Kam zu allen möglichen Zeiten, auch wenn dort gerade Mathematik oder Biologie unterrichtet wurde, ins Klassenzimmer, winkte. Zugleich das unscharfe Traumgefühl, des Guten entschieden zu viel zu tun.

In den ersten Jahren meiner Berufsausübung zählte man die Klassenstufen, ohne die vier Grundschuljahre – es waren ja manchmal auch fünf – einzubeziehen. Damals war meine Achte also nur eine Vierte. In Bayern hat sich die preußische Terminologie leider nicht durchgesetzt, die, weil sie lateinisch ist, ganz dem humanistischen Gymnasium gehört. Hier wird von oben nach unten gezählt. Primaner sind Schüler der beiden Jahre vor dem Abitur. Mit Ausnahme der ersten drei Jahre: Sexta, Quinta, Quarta, werden jeweils zwei Jahre zusammengefasst: Unter- und Obertertia, Unter- und Obersekunda, Unter- und Oberprima. Der Titel des Buchs von Wilhelm Speyer und damit wohl auch das Buch selbst wären ohne diese Nomenklatur unentstanden geblieben: «Der Kampf der Tertia».

Biedere Schüler

Unter meinen Schülern gab es die Entzündlichen. Da genügte nur wenig Brennstoff, um die Flamme der Begeisterung zu entfachen, die bald wieder erlosch oder in ein dauerhaftes Feuer überging. Brennstoff lieferte die griechische Sprache, Dichtung, Philosophie zur Genüge. Der «Prometheus» des Aischylos, die «Bakchen» des Euripides, Menanders «Dyskolos», Heraklits Fragmente, Platons «Apologie» und «Symposion», die Begriffe Mythos, Logos, Eros enthielten hochansteckende Substanzen. Die Ansteckbaren, also die Entzündlichen, waren aufs Ganze gesehen rar gesät.

Feuerfest waren besonders Begabte, deren Klugheit sich mit einem anerkennenswerten Eigensinn paarte. Wenn einer bei der Lektüre von Platons «Kriton» erklärte, er finde einen fälschlich zum Tod Verurteilten unverzeihlich dumm, wenn er das Angebot seiner Freunde zur Flucht zurückwies, wusste ich, dass es sinnlos war, mich zum Anwalt des Sokrates aufzuwerfen.

Ich will hier aber keine Typologie von Schülern liefern, sondern einen bestimmten Typus hervorheben, dem ich unter den Fünfzehn- bis Neunzehnjährigen immer wieder begegnete: Es waren die Unkomplizierten, denen Gefühlsambivalenzen fremd waren, deren Zuwendung zum Lehrer und zum jeweiligen Gegenstand seines Fachs sich vorbehaltlos auf ihren Gesichtern abzeichnete. Man wusste, wie man mit ihnen «dran» war und konnte sich auf ihre Aktionen und Reaktionen unbedingt verlassen. Die Pubertät hatten sie gelassen hinter sich gebracht und schienen in sich zu ruhen. Sie kamen nur als männliche Jugendliche vor; Mädchen waren in jedem Fall verschlossener und komplizierter.

Pädagogischer Eros?

Im Jahr 2010 geriet mit der Veröffentlichung von sexuellen Missbrauchsfällen in katholischen Internaten, dann in der einst modellhaften reformpädagogischen Odenwaldschule das Verhältnis von Lehrern und Schülern in den Fokus der Aufmerksamkeit des Zeitgeists. Dieser weiß in und bei jedem Fall haargenau, was gut und böse ist, arbeitet eine Vergangenheit auf, deren abgrundtiefe Schlechtigkeit bisher nicht erkannt war, macht ihr den Prozess, klagt an, verurteilt. Nach Abschluss des Verfahrens sieht die Welt anders aus. Den Zeitverlauf durchtrennt ein scharfer Einschnitt in Einst und Jetzt. Wer oder was sich gestern fraglosen Angesehenseins erfreuen konnte, ist heute auf einmal ebenso fraglos verrufen.

Der Zeitgeist bediente sich des Sprachrohrs der führenden Feuilletonredakteure und forderte, dass – beispielsweise – Hartmut von Hentig, der gerade noch als Redner über das «Ethos der Erziehung» gefeiert wurde, ab sofort in einen Abgrund von Ungnade zu verbannen sei, nur weil er mit einem der Übeltäter befreundet war. Mit ihm lag zerschmettert am Fuß des tarpejischen Presse-Felsens jener Gott, auf den der prominente Professor sich bisher berufen hatte: der sogenannte pädagogische Eros.

Ach ja: Von einem Lehrer, der nicht nur sein Fach, sondern auch seinen Beruf liebte und der – vielleicht – den einen oder anderen seiner Schüler zu begeistern wusste oder gar einen Teil seiner Freizeit opferte, um mit Schülern nach Rom oder Griechenland zu fahren oder mit den besonders Interessierten eine nicht im Lehrplan verordnete Lektüre, etwa die Einleitung zu Hegels «Phänomenologie des Geistes», zu behandeln, sagte man gern, er sei vom «pädagogischen Eros» erfüllt. Das war ein positives Etikett, auch wenn in den Applaus sich da und dort ein Hochziehen der Augenbrauen mischte. Jetzt stand dieser Eros unter Generalverdacht: Ist das nicht nur ein beschönigender Name für den schlimmsten aller pädagogischen Tatbestände, die Päderastie und Pädophilie? Die Herkunft dieser Bezeichnungen wies ins antike Griechenland. Dort musste der kastalische Quell des gegenwärtigen Schulunwesens sprudeln. Eine Gedichtzeile von Stefan George brachte die kriminelle Tradition auf ihre schlagende Formel: «Hellas ewig unsre liebe». «Unsere Liebe»: Dahinter verbarg sich die homoerotische Bindung zwischen Meister und Jünger, Lehrer und Schüler oder auch der im philhellenischen Geiste erzogenen Jugendlichen untereinander. Bingens Bürgermeister beeilte sich, 2018 eine Feier, die zum 150. Geburtstag des in der Region geborenen und aufgewachsenen Dichters geplant war, zeitgeistgehorsamst abzublasen.

Bei Homer spielt die gleichgeschlechtliche Liebe keine Rolle, die Busenfreundschaft von Achill und Patroklos ausgenommen (wobei die Ursache von Achills die Handlung der «Ilias» bestimmendem Zorn eindeutig heterosexuellen Charakter hat). Der literarische Geburtsort solcher Liebe ist die nur wenige Jahrzehnte später erwachende Lyrik. Hier gibt Sappho neben ihrem Landsmann Alkaios und den etwas jüngeren Dichtern Anakreon, Ibykos, Theognis, Pindar den Ton an. Die Homoerotik betrifft beide Geschlechter. Ein fragmentarisch überliefertes Liebesgedicht Pindars fällt aus dem Rahmen des offiziellen Lobgesangs auf siegreiche Sportler. In diesen Versen spricht ein Einzelner zu sich selbst, ein antiker Gustav Aschenbach, hingerissen vom Augenglanz eines Knaben namens Theoxenos, ein Schiffbrüchiger, den die Woge des Verlangens überspült. Eigentlich ist er zu alt für die Anwandlung einer derartigen Leidenschaft. Aber angesichts einer so strahlenden Jugend kalt zu bleiben, nicht hinzuschmelzen wie Wachs in der Sonne, wäre nur einem aus Eisen geschmiedeten Herzen möglich. Wie verächtlich erscheint dem Liebenden auf einmal, was im Leben des Nichtheimgesuchten wichtig ist: die Jagd nach Reichtum, der Dienst an Frauen.

Der Strom dieser Liebeslyrik mündet in Platons philosophische Durchdringung des Phänomens, das zum Ausgangspunkt für einen Gedankenflug ohnegleichen wird – ins unerschütterliche Herz der Schönheit und damit der Wahrheit. Im berühmten «Symposion» wird das Wesen des «eros paidagogikós» grundlegend und wirkungsmächtig in Szene gesetzt. «Als mit Sokrates die Freunde tranken ...»: Bei einem Gastmahl in Athen im Jahre 416 v. Chr. unterhalten sich die Teilnehmer über die Liebe. Das Gespräch ist typisch griechischerweise als Wettstreit angelegt. Wer die schönste Lobrede auf Eros hält, gewinnt. Natürlich schießt Sokrates den Vogel ab, doch auch die anderen Redner tragen wichtige Aspekte zum Thema bei. Fundamental ist die Unterscheidung einer «himmlischen» von einer «gemeinen» Liebe, die – für Platons Zeitgenossen unanstößig, für heutige Leser zumindest befremdlich – am Beispiel der Knabenliebe durchgeführt wird. Der schlechte Liebhaber, heißt es da, ist nur am Körper des Geliebten interessiert; es geht ihm, würden wir heute formulieren, lediglich um Triebbefriedigung. Der gute Liebhaber wählt einen geistig und charakterlich vielversprechenden Knaben, der übrigens – das gilt für die gesamte griechische Knabenliebe – die Grenze zur Pubertät schon überschritten hat; es handelt sich um Päderastie, nicht Pädophilie. Der Erwählte erhofft vom Verhältnis mit dem Älteren die Förderung seiner Anlagen und unterwirft sich ihm «um der Tugend willen». Das griechische Wort heißt «etheloduleia»: freiwillige Dienstbarkeit. Endziel ist die «areté», die dem Schüler erreichbare «Bestform».

Sokrates korrigiert diese Zielbestimmung: Es kommt dem vom pädagogischen Eros Getriebenen letztlich nicht auf die Erziehung des einzelnen Knaben an, sondern auf «Zeugung». Wie die Vereinigung von Mann und Frau leibliche Kinder hervorbringt, so begehrt der Lehrer im Jüngeren weniger sterbliche Nachkommen zu zeugen. Er sorgt für das Fortleben und Fortschreiten der großen intellektuellen und moralischen Errungenschaften der Polis, etwa der Idee eines «richtigen» Lebens und einer gerechten Ordnung. Aber auch dabei wird die körperliche Nähe nicht ausgeklammert. Die den pädagogischen Eros resümierende Formulierung lautet: «Indem er [der Liebende, Ältere] den Schönen berührt und mit ihm Umgang pflegt, zeugt er, wovon er die Samen schon längst in sich trug, anwesend, abwesend an ihn denkend, und gemeinsam mit ihm zieht er das Gezeugte auf.»

Platons «Symposion» ist trotzdem kein Hohelied der Knabenliebe. Dass die Beziehung eines erwachsenen Mannes zu einem männlichen Jugendlichen das bevorzugte Modell der in Platons Schrift entfalteten Phänomenologie des Eros bildet, hat seinen Grund in der zentralen Bedeutung des Bildungsgedankens in einer jahrhundertealten griechischen Tradition, die natürlich auch ihre soziologische Komponente hat. Im Zentrum des Bündnisses zwischen Liebendem und Geliebtem steht das pädagogische Interesse. Dieses ist auf den Eros angewiesen: auf die Anziehungskraft, die vom halbwüchsigen, formbaren und der Formung bedürftigen Jugendlichen auf den zur Erziehung berufenen Erwachsenen ausgeht, wie auf die Zuneigung, die der Schüler seinem Mentor entgegenbringt. Nur in der Sphäre der Liebe kann das Bündnis bestehen und sein Bildungsziel erreichen. Der Eros ist nicht der Zweck der Beziehung, sondern ihr unentbehrliches Medium.

Dass bei der Übertragung dieses Konzepts auf die heutigen Verhältnisse die sexuelle Komponente der griechischen Knabenliebe a priori ausscheidet, ist eine Selbstverständlichkeit, wie sie es wenigstens als anzustrebende auch schon für den Autor des «Symposion» war; sonst hätte er nicht die Unanfechtbarkeit seines Sokrates durch die Reize des sich ihm anbietenden Alkibiades eigens dargestellt. Eben dadurch wird der in Sokrates sich verkörpernde pädagogische Eros vorbildlich.

Fluch all denen, die sich auf die Griechen berufen (haben), um damit ihre kriminellen Übergriffe auf die ihnen anvertrauten Schüler zu rechtfertigen. Das ist schon deswegen unverzeihlich, weil das Phänomen der platonischen körperlichen Päderastie aus einem zweieinhalbtausend Jahre zurückliegenden Kulturzusammenhang nicht isoliert werden kann. Unter die antike pädagogische Theorie und Praxis hat das Christentum einen irreversiblen Schlussstrich gezogen. Von der griechischen Knabenliebe blieb nur der Eindruck lasterhafter Verworfenheit und Dekadenz übrig. Die Griechen figurierten als Knabenschänder. Ich begegnete ihnen, wenn ich mir mit elf, zwölf Jahren die Sonntagsmesse mit Lektüre im Neuen Testament verkürzte. Ich konnte mir nicht vorstellen, was diese Verbrecher eigentlich machten; jedenfalls musste es etwas ganz und gar Abscheuliches sein. Die christliche Verteufelung der Sexualität hat den Blick auf die Antike gebrochen. Trotz Renaissance, trotz Winckelmann, Goethe, Hölderlin, Nietzsche, trotz der Reformpädagogik à la Wyneken gibt es kein Zurück zur unbefangenen Sinnlichkeit der Griechen. Die vielfach bezeugten fürchterlichen psychischen Folgen von Pädophilie und Päderastie für die Opfer machen jeden sexuellen Übergriff eines Lehrers und Erziehers zum Verbrechen.

Es sollte trotzdem vermieden werden, die eigene Zeit absolut zu setzen. Wir neigen dazu, vergangene Epochen dem Maßstab der jeweils herrschenden moralischen Überzeugungen zu unterwerfen. Das ist erstens ungerecht der Vergangenheit gegenüber und verkürzt zweitens unser Weltwissen, macht uns also ärmer. Weisheit verfährt anders. So hat Schopenhauer bei aller Ablehnung der Päderastie, die er als «nicht bloß widernatürliche, sondern auch im höchsten Grade widerwärtige und Abscheu erregende Monstrosität» verstand, diese in ihrer griechischen Erscheinungsform in einem Anhang zu seiner «Metaphysik der Geschlechtsliebe» gleichwohl als etwas Vernünftiges zu begreifen gesucht, wobei gleichgültig bleibt, dass seine Erklärung bis zur unfreiwilligen Komik unannehmbar ausfällt. Ich glaube nicht, dass die halbwüchsigen Jungen im klassischen Athen, die ein Verhältnis zu einem Liebhaber eingingen, einen seelischen Schaden davontrugen, der sie zu unglücklichen Erwachsenen und untauglichen Ehemännern gemacht hätte. Was nicht als Missbrauch erfahren wird, auch nachträglich nicht so empfunden wird, ist keiner. Eine angemessene Beurteilung des Sachverhalts stammt von Nietzsche: «Die erotische Beziehung der Männer zu den Jünglingen war in einem unserem Verständnis unzugänglichen Grade die notwendige, einzige Voraussetzung aller männlichen Erziehung [...]; aller Idealismus der Kraft der griechischen Natur warf sich auf jenes Verhältnis, und wahrscheinlich sind junge Leute niemals wieder so aufmerksam, so liebevoll, so durchaus in Hinsicht auf ihr Bestes (virtus) behandelt worden wie im sechsten und fünften Jahrhundert – also gemäß dem schönen Spruche Hölderlins: Denn liebend gibt der Sterbliche vom Besten.»

Aber wir müssen nicht bis zu den Griechen zurückgehen, um auf Wirklichkeiten zu treffen, die der heute herrschenden Selbstverständlichkeit ins Gesicht schlagen. In der Caravaggio-Monographie von Sybille Ebert-Schifferer (München 2009) liest man: «Päderastische Beziehungen erwachsener Männer zu jüngeren Knaben waren in Rom de facto an der Tagesordnung und wurden toleriert, sofern keine Gewalt im Spiel und der passive Partner unter 18 war.» Gemeint ist das päpstliche Rom um 1600. «Das Verhalten galt als Übergangsphänomen beziehungsweise spontane Abweichung von der Norm, stellte jedoch keine Lebenswahl dar und konstituierte keine Identität», während homosexuelle Partnerschaften erwachsener Männer «strikt verfolgt» wurden.

Die permanente Nähe zwischen Erzieher und Zögling, die ein Zusammenleben unter Internatsbedingungen voraussetzt, schürt ein Klima, das die Möglichkeit der Grenzverletzung, des Übergriffs begünstigt, auch das Gedeihen von homoerotischen Beziehungen zwischen den Zöglingen. Negative Beispiele serviert uns der Zeitgeist in Fülle. Der von ihm unverstellte Blick macht jedoch frühere Verhältnisse sichtbar, die ähnlich und doch anders aussehen. Der homosexueller Neigungen unverdächtige Philosoph Friedrich Theodor Vischer («Auch Einer») erinnert sich dankbar an seine Alumnenzeit, die er in den zwanziger Jahren des

19. Jahrhunderts in der evangelischen Klosterschule von Blaubeuren verbrachte. «Das enggemeinschaftliche Heranwachsen jugendlicher Naturen bildet Freundschaften für das Leben [...]. Ich möchte diesen fürs Leben gewonnenen Schatz der Geister um keinen Preis hergeben.» So weit, so harmlos. Aber dieses Gemeinschaftsleben war von Erotik durchtränkt. «Es wurden völlige Romane abgespielt, man herzte, küßte sich, schrieb sich Billets, trennte und versöhnte sich.» Diese «Knabenliebe» sei zum System ausgebildet gewesen, «so daß in dem Kreise von Verehrern, die sich um die Schönheiten des Seminars gesammelt, Ober- und Unterfreunde mit streng logischer Distinktion unterschieden wurden.» Bis zu welchem Grad die Erzieher in dieses «System» einbezogen waren, bleibt ungesagt; ihr pädagogischer Eros muss es aber wenigstens geduldet haben. Aus Hermann Hesses frühem Schülerroman «Unterm Rad» wissen wir, dass die Zustände in Maulbronn ähnlich waren; die dort gemachten Erfahrungen haben noch in der strengen kastalischen Ordenswelt des «Glasperlenspiels» einen verhaltenen Nachklang hervorgerufen.

Gustav Wyneken aber, Gründer der «Freien Schulgemeinde Wickersdorf» (1906), musste sich 1921, weil zwei Knaben nackt von ihm umarmt worden waren, in einem Prozess verantworten. Ein Jahr später veröffentlichte er in einer «Eros» betitelten Verteidigungsschrift ein glühendes Plädoyer für seine die «Renaissance unseres Körpergefühls» und die «Wiedereroberung der Nacktheit» akzentuierende Pädagogik. «Wir meinen keine Gernhaberei und Nettigkeit, Onkelväterlichkeit, Wohlwollen und sogenannte Freundschaft und Kameradschaft mit den jungen Menschen, im Gegenteil, es war nötig, aus diesem pseudoerotischen Getue herauszukommen und deutlich den Eros zu bekennen, als den allein erlösenden und zeugenden: nicht durch Formeln und Programme ihn zu proklamieren, sondern ihm sein Reich zu gründen durch die Tat in der wirklichen Jugend.» Die Radikalität einer solchen Verkündigung und Praxis musste zum Konflikt mit dem Bürgerlichen Gesetzbuch führen: Wyneken sah sich gezwungen, die Leitung der Schule «gegen den Willen der Schulgemeinde», wie er hervorhebt, niederzulegen.

Ich hätte unter ihm nicht Lehrer sein mögen, hätte die fehlende Tabuisierung körperlicher Übergriffe auf die ihm anvertrauten Jugendlichen bekämpft. Aber ein Funke seiner Entdeckung des Jugendalters als eines absoluten Status der Lebenszeit, der seine eigene Schönheit, seinen eigenen Wert hat und deshalb ein Recht auf eine eigene Lebensordnung, die Wyneken «Jugendkultur» nennt, ist diesem problematischen Eros entsprungen. Ohne diesen wäre die Pädagogik des 20. Jahrhunderts so lieb- und trostlos geblieben, wie sie es, Ausnahmen gerne zugestanden, am Ende des 19. war und wie sie nach den der Reformpädagogik zur Last gelegten Missbrauchsfällen im 21. installiert werden soll, als vom Zeitgeist diktierte, von der Pandemie geförderte, durch perfekte Digitalisierung des Unterrichts gesicherte Abstandspädagogik. War bisher im wünschenswerten Fall das Lehrer-Schüler-Verhältnis vermittelt durch das vom Lehrer vertretene Fach, figuriert der Lehrer in der Schule von morgen als möglichst unsichtbarer Moderator eines zwischen Lernstoff und Schüler in Gang gesetzten Lernprozesses. Die von einigen tonangebenden Pädagogen geforderte «professionell gestaltete Nähe» des Lehrers zum Schüler läuft auf professionell hergestellte Gleichgültigkeit hinaus. Eine Begegnung ist so nicht möglich. Auch der Lehrer sollte die Spontaneität und Unbefangenheit aufbringen dürfen, die Kindern und Heranwachsenden normalerweise gegenüber vertrauten Erwachsenen selbstverständlich sind. Begegnungen finden zwischen Personen statt, und der Lehrer als Person ist etwas anderes als der gelernte Darsteller einer Berufsrolle. Die Schüler erwarten nicht kühle Neutralität und permanentes Distanzbewusstsein, sondern Präsenz, Sympathie, Zuwendung.

Doch die pädagogische Liebe geht auf keine gleichartige Gegenliebe aus; sie darf nicht einmal auf sie hoffen. Der Lehrer soll von jedem seiner Schüler so viel als nur möglich halten, das Höchste erwarten, nur keine Dankbarkeit. Er muss wissen, dass er auch im glücklichen Fall einer positiven Resonanz für den Heranwachsenden eine Übergangsfigur ist: jemand, der auf einer bestimmten Stufe seines Lebens unter Umständen so wichtig für ihn ist wie Vergil für Dante und es gewesen sein wird, wenn die Zeit für Beatrice gekommen ist. Auch dem partiell absolut gesetzten Jugendalter folgt ein anderer Lebensabschnitt. Der Lehrer selbst muss dem Schüler ja dazu verhelfen, ihn als Lehrer entbehren zu können. Das ist, wenn man im Ausdruck hochgreifen will, die der pädagogischen Liebe immanente Tragik.

Im Rahmen des von der pädagogischen Liebe geprägten Lehrer-Schüler-Verhältnisses stellt die Balance zwischen Nähe und Distanz sich von selber ein. Der Lehrer, der die Asymmetrie als unumstößliches Gesetz dieser Beziehung respektiert, ist gegen die Versuchung gefeit, Kindern und Jugendlichen zu nahe zu treten.

Eine überholte Widmung

Auf der Suche nach einem Leerbuch für gelegentliche Aufzeichnungen fand sich an entlegener Stelle ein stattliches Exemplar, dessen Besitz mir entfallen war. Als ich es aufschlug, blickte mir eine Widmung entgegen, die ich zum ersten Mal las: «Dem, der uns lehrte, neu zu denken, / wagt unser Kurs ein Buch zu schenken.» Die Unterschrift lautete: «Ihre Philosophie-Kinder». Kein Datum. Da ich seit einem Vierteljahrhundert altersbedingt meinen Beruf nicht mehr ausübe, das Gymnasium, an dem ich mehrere Jahrzehnte nebenbei auch Wahlunterricht in Philosophie erteilte, nur noch – da allerdings hartnäckig – in meinen Träumen betrete, muss das «neue Denken», für das jene Jugendlichen sich bedankten, längst an Altersschwäche oder -starre dahinsiechen, wenn es nicht schon bald einem weiteren Denkfortschritt zum Opfer fiel. Ich wunderte mich also über die Freude, die mich angesichts dieser mir so viele Jahre vorenthaltenen Anerkennung wie ein warmer Windhauch streifte. Denn diese war in eine nicht mehr zu ermessende Vergangenheitstiefe abgesunken, sie schien unrettbar überholt.

Das Überholte ist das Vergangene in doppelter Potenz. Die Liebe meiner Eltern ist spätestens mit ihrem Tod ausgelöscht worden, aber ich zehre noch von ihr. Überholt wäre eine Liebe, die als schädlich entlarvt, als Krankheitsursache diagnostiziert und therapeutisch überwunden wurde – endgültig. Überholt sind mitunter die Erleichterungen nach seelischen und körperlichen Schmerzen, die Dankbarkeitsgefühle nach der Befreiung von einer furchtbaren Sorge – die Mutter ist gegen alle tödliche Gewissheit nach Hause gekommen, sie ist nicht überfahren worden, ihr Kuss oder nur ihr Lachen wischt das Alphabet der Angst auf deiner Seelentafel in Sekundenschnelle weg. Aber inzwischen ist das Entsetzliche ja auf ganz natürliche Weise eingetreten; die Mutter ist tatsächlich gestorben. Beethovens «heiliger Danksagung eines Genesenden an die Gottheit» wurde der biographische Grund entzogen, weil er anderthalb Jahre später tödlich erkrankte. Sie überlebt dank ihrer Verwandlung in ein ganz anderes, dauerhafteres Element, aber ich kann das a-Moll-Quartett nicht hören, ohne zu denken, dass sein Anlass überholt ist.

Es existieren zwei Denkwege, die – vielleicht, vielleicht – aus der Trostlosigkeit im Hinblick auf das Nichtsein des Überholten ein kleines Stück herausführen. Da ist der oft bemühte Hegelsche Begriff der Aufhebung. Die eine oder andere Spur des von mir sehr dilettantisch gelehrten «neuen Denkens» mag, falls es sich nicht nur dem Reimwort «schenken» verdankt, in die Entwicklung eines Weltbilds eingegangen, in ihm «aufgehoben», also aufbewahrt und erhoben sein. Allerdings setzt diese Möglichkeit die rar gesäte geistige Entwicklungsfähigkeit eines jungen Kopfes und eine gewisse Kontinuität der Philosophiegeschichte voraus. Der zweite Gedanke ist die Relativität meiner Erfahrung. Die zeitliche Ferne der anonymen und undatierten Widmung bemisst sich nach ihrem Abstand vom Zeitpunkt ihrer Entdeckung, der genauso vergänglich ist wie der Augenblick, in dem der Schüler seinen Vers in das Leerbuch schrieb. Wo ist im Universum der Ort, von dem aus das Nacheinander beider Zeitpunkte als gleichwertiges Nebeneinander sichtbar wird?

Vom Ichsagen

In Theodor W. Adornos «Minima Moralia», 1951 bei Suhrkamp erschienen, findet sich der Aphorismus: «Bei vielen Menschen ist es bereits eine Unverschämtheit, wenn sie Ich sagen.» Das stieß auf den vollen Beifall des Zwanzigjährigen, der weit davon entfernt war, die eigene Person in der Schusslinie zu vermuten. Verehrung und Verachtung würzten gleichermaßen das Brot, das seine, also meine frühen Jahre nährte. Ich verehrte Adorno und verachtete die vermeintlich halbstarken Intellektuellen, unter die ich die meisten meiner Universitätslehrer rechnete. Aber die waren mit dem moralischen Minimum kaum gemeint, auch nicht die fürchterlichen Bösewichte der eben verflossenen Nazizeit, die Deutschland nach wie vor bevölkerten. Wog doch ihr Verbrecher-Ich mindestens genauso schwer wie das ihrer größten Gegenspieler, eines Albert Einstein oder Charlie Chaplin. Nein, die unverschämten Ichsager waren einfach die bodenlosen Dummköpfe, das Herdenvieh, die Vielzuvielen.

Meinem gealterten Ich ist die adornitische Arroganz herzlich fremd geworden. Wer auch nur dem Geringsten unter den Brüdern das Recht abspricht, als Ich aufzutreten, spricht ihm nicht weniger als die Menschenwürde ab. Da ist es dann nur noch ein Schritt zum lebensunwerten Untermenschen. Mit seinem Spruch bleibt der geistreiche Ankläger des Jargons der Eigentlichkeit sogar noch hinter dem humanen Engagement von dessen verhöhntem Hauptvertreter zurück: Martin Heidegger, dem Autor von «Sein und Zeit». Auch hier gibt es die massenhaften Durchschnittsmenschen; Heidegger lässt sie im unpersönlichen «Man» aufgehen. Ein zentraler

Satz des epochalen Werks lautet: «Das Man lässt den Mut zur Angst vor dem Tode nicht aufkommen.» Der Tod wird im alltäglichen Gerede zu einer Allgemeinheit eingeebnet, die den Einzelnen nichts angeht. Dabei ist gerade er das Ereignis, das jedem als sein unvertretbar Eigenes zukommt. Die Angst vor ihm wäre der erste Schritt auf dem Weg zu seiner Anerkenntnis und damit einem «eigentlichen Dasein», das mit Recht Ich sagen könnte. Gelebt haben als Einzelner, der weiß, dass er sterben wird: Der Weckruf gilt jedem.

Das alte Ich und sein Doppelgänger

Siehst du den Abgrund, der zwischen den Sätzen «Ich bin alt» und «Ich weiß, dass ich alt bin» klafft? Du hast viele Menschen gekannt, die einfach nur alt waren, die üblichen Beschwerden beklagten oder auch nicht beklagten. Ganz ohne Bewusstsein geht es freilich nicht. Aber als du einmal zu einer nahen Verwandten sagtest, sie werde in vier Jahren ihren achtzigsten Geburtstag feiern, fiel sie, wie von einem apokalyptischen Donner gerührt, aus allen Behaglichkeitswolken. Auf dem Land, wo du lange lebtest, zog das altgewordene Bauernpaar mit großer Selbstverständlichkeit, um der nächsten Generation Platz zu machen, in das bereitstehende Austragshäuschen. Da saßen die beiden an warmen Nachmittagen und Abenden auf der Holzbank neben der Haustür, alle Tragödien des normalen Lebens hinter sich, mehr oder weniger zufrieden, mehr oder weniger lebenssatt. Aber man sah sich in keinem Fall mit einer unversehens aufgetauchten neuen Lebensform konfrontiert. Wie anders der von Reflexion Gebrochene. Dem vom Alter tückisch ereilten, im Sehen und Gehen behinderten Subjekt gesellt sich ein körperloser Doppelgänger, der es in ein Objekt verwandelt: den Gegenstand prinzipiell unendlicher Überlegungen. Mit den Überlegungen wächst die Überlegenheit dieses zweiten Ichs: Der eigene Zustand wird ins Allgemeine erhoben, die Möglichkeit zu ganz verschiedenen Verhaltensweisen dem Altsein gegenüber wird eröffnet. Du bist nicht mehr Untertan, sondern Souverän. Dem allerdings die unvermeidliche Abdankung droht: spätestens in *hora mortis*.

Erwachsene

Wann keimten die ersten Zweifel an ihrer Eigenschaft als höchste Instanz in allen Fragen des Lebens? Vielleicht war es der peinvolle Augenblick, in dem das Blut der Mutter von ihrem Finger tropfte, als sie ihn aus dem Spalt der vom Windstoß zugeschlagenen Türe zog und ein Schmerzenslaut den Vorfall begleitete. Die Mutter war, niederschmetternde Erfahrung, verwundbar. Vielleicht war es auch nur eine Meinungsverschiedenheit der Eltern, über deren Vernehmen die eine Wahrheit in ein unheilbares Für und Wider zerbrach. Doch was die Erwachsenen zu einem bestimmten Zeitpunkt gewaltsam ihrer Vollkommenheit beraubte, war etwas viel Schlimmeres: der zwischen Verdacht und Gewissheit bewegte Gedanke, ihre Mütter und Väter seien gestorben. Je älter und würdiger sie waren, umso wahrscheinlicher war dieser Verlust, der sie in meinen Augen zu lebenslangen Invaliden machte. Wie brachten sie es nur über sich, nach diesem ungeheuren, unvorstellbaren Unglück weiterzuleben, zu reden, zu lachen, als sei das Entsetzlichste nicht geschehen? Es musste ein geheimes Medikament geben oder auch nur ein uns Kindern streng vorenthaltenes Wissen, wodurch der tödliche Schlag in sein Gegenteil verwandelt wurde: beispielsweise in den Klang eines auf eine Trommel niedersausenden Schlaginstruments, der nach und nach in einen Harfenakkord überging.

Kulturphänomen Sexualität

Menschliche Sexualität ist trotz ihrer Herkunft aus der animalischen und damit trotz ihrer Funktion im Dienst der Fortpflanzung etwas ganz anderes als die von Vögeln oder Kaninchen: Sie ist ein kulturelles Phänomen. Natur verhält sich zur Kultur wie Zwang zur Freiheit. Kultur geht vom Natürlichen aus, hebt es auf, ohne es zu eliminieren, verwandelt es. Die Freiheit liegt darin, dass ein Abstand zum natürlichen Phänomen gewonnen, ein Umgang mit ihm möglich wird. Schiller hat diese Freiheit in den Begriff des Spiels gefasst. Zum kulturellen Umgang mit der Sexualität gehört, dass sie aus der Monotonie ihrer Bestimmung zur Weitergabe des Lebens gelöst und in eine Vielfalt verschiedener Formen entfächert wird. Durch die Verwandlung des gewaltigen natürlichen Potentials der Sexualität in Kultur eröffnet sich ein enormer Spielraum, zu dem noch der freiwillige Verzicht auf sie gehört. Die sexuelle Ethik kann sich nicht an Fixpunkten wie Natürlichkeit oder Widernatürlichkeit ausrichten, sondern muss sich am Menschen als kulturellem Wesen orientieren. Mein Wort in eines Papstes Ohr.

Zur Homosexualität

Die absurdeste «Lösung» des «Problems» der Homosexualität stammt von Arthur Schopenhauer. Die Problematisierung der Homosexualität ergibt sich aus Schopenhauers «Metaphysik der Geschlechtsliebe». Da diese als Veranstaltung der Natur verstanden wird, die dem einzigen Zweck dient, den Fortbestand der Spezies zu sichern, muss Liebe zwischen Partnern gleichen Geschlechts eine «nicht bloß widernatürliche, sondern auch im höchsten Grade widerwärtige und Abscheu erregende Monstrosität» sein. Das Problem verdankt sich der Tatsache, dass sie anstatt in ganz vereinzelten Fällen zu allen Zeiten und in allen Ländern der Welt in unzähligen Beispielen auftritt. Das Laster lediglich zu verdammen sei, so der Philosoph, nicht seine Art, mit ihm fertig zu werden. Auch hier will er seinem «angeborenen Beruf, überall der Wahrheit nachzuforschen und den Dingen auf den Grund zu kommen», treu bleiben. «Daß nun aber etwas [...] der Natur in ihrem wichtigsten und angelegensten Zweck Entgegentretendes aus der Natur selbst hervorgehen sollte, ist ein so unerhörtes Paradoxon, daß dessen Erklärung sich als ein schweres Problem darstellt, welches ich jedoch jetzt, durch Aufdeckung des ihm zum Grunde liegenden Naturgeheimnisses lösen werde.»

Er macht's spannend. Die Lösung lautet, dass der Natur «nichts anderes übrig» blieb, «als von zwei Übeln das kleinere zu wählen». Das kleinere Übel ist die Homosexualität, durch die das größere Übel: die Erzeugung einer «schwachen, stumpfen, siechen» Nachkommenschaft durch das depravierte Sperma älterer Männer oder das unreife von Jünglingen vereitelt wird.

Eigentlich hätte, denkt man angesichts dieser Erklärung

der Homosexualität als eines Notbehelfs der in die Enge getriebenen Natur, ein viel einfacheres Verfahren als die «Verkehrung» des Geschlechtstriebs gewählt werden können: die zeitliche Parallelführung der Hochform der Manneskraft und der Zeugungslust, die in der Jugend noch nicht, beim Eintritt ins Seniorenalter nicht mehr vorhanden wäre. Schopenhauer begegnet diesem Einwand mit dem schwachen Argument, die Natur könne die «Samenabsonderung» des Mannes nicht plötzlich einstellen, weil deren Ende «wie bei jedem Absterben [...] eine allmälige Deterioration vorhergehen» müsse. Aber warum muss das auch für die Begleiterscheinung: die mit der Ejakulation verbundene Lust gelten? Ferner widerspricht die Einengung der Homosexualität auf ihre männliche Erscheinungsform und weiterhin auf die «Päderastie» – das Wort, das Schopenhauer durchgehend für die Sache verwendet – und dann noch auf bestimmte Altersstufen einer überwältigend reichen andersartigen Erfahrung.

Der Schopenhauers «Lösung» zugrunde liegende Irrtum ist die Auffassung der menschlichen Sexualität als eines rein natürlichen statt eines kulturellen Phänomens. Das schönste Liebesgedicht der Antike, vielleicht der ganzen europäischen Literatur stammt aus dem 7. Jahrhundert v. Chr. und entspringt der Liebe einer Frau zu einem Mädchen, das noch dazu ihre Schülerin ist. Du lieber Gott! Nein, das ist die falsche Adresse unseres aktuellen Befremdens. Sapphos Gedicht ist ein Gebet an die Liebesgöttin Aphrodite, die das widerstrebende Mädchen in eine willige Geliebte, ja mehr noch: eine das Verhältnis umkehrende Liebende verwandeln soll. Kein namhafter griechischer Geist hat an diesem Tatbestand Anstoß genommen; Sappho wurde mit dem Beinamen der «zehnten Muse» versehen.

Menschen getroffen (1)

Unter diesem – einem späten Gedicht von Gottfried Benn entlehnten – Titel will ich flüchtige Begegnungen mit bemerkenswerten Personen festhalten. Man hat, wenn überhaupt, nur wenige Worte gewechselt, hat nur einander gestreift. Und wohl immer bin ich derjenige, an den der andere sich ganz vage oder gar nicht erinnern würde. Es sind Augenblicke, die ihren Wert aus der Tatsache ziehen, dass ich auf Grund meines Alters einer der wenigen Lebenden bin, die diesen inzwischen verstorbenen Menschen begegnet sind.

Im Oktober 1957 besuchte ich mit zwei Freunden die Villa Massimo in Rom. Der Direktor Herbert Gericke führte uns durch das erst provisorisch eingerichtete Haus. Er klopfte an ein Studio, wartete kaum das Herein ab. An einem mit Notenblättern bedeckten Tisch saß der Komponist Bernd Alois Zimmermann. Schrieb er an seiner Oper «Die Soldaten»? Hat der Name Furtwängler bewirkt – einer der beiden Freunde war der Neffe des Dirigenten –, dass Gericke den Künstler ohne weiteres bei seiner Arbeit zu stören wagte und dieser es sich wortlos gefallen ließ?

Menschen getroffen (2)

Am 10. Mai 1954, in den ersten Tagen meines zweiten Münchner Semesters, besuchte ich in der im Prinzregententheater untergebrachten Bayerischen Staatsoper eine Festvorstellung von «Così fan tutte». Es war gar nicht schwer gewesen, eine der billigen Studentenkarten auf einem guten Platz zu ergattern; das Theater war nicht einmal ausverkauft. Ich war wegen Mozart, nicht um des Festanlasses willen gekommen, des 85. Geburtstags des Kronprinzen Rupprecht. Aber dann war ich doch ein wenig gerührt, als der mir unendlich greise erscheinende verhinderte Monarch von einer Loge dem gedämpfte Ovationen darbringenden Publikum zuwinkte. Er weinte. Die Musik war verstummt; die Sänger hatten ihren wohlverdienten Applaus entgegengenommen und sich zurückgezogen. Im kürzlich vergangenen Fasching hatte der Kronprinz einen Ball auf Schloss Nymphenburg gegeben, zu dem meine Schwester und ich eingeladen waren. Denn er hatte eine jüngste Tochter, die nicht älter war als ich: neunzehn.

Menschen getroffen (3)

Die Tagung der Hofmannsthal-Gesellschaft in München war mit einer Festspiel-Aufführung des «Rosenkavaliers» verbunden; Eva Carossa lud mich ein. An der Tagung, die durch die Anwesenheit von Christiane Zimmer, der Tochter des Dichters, ausgezeichnet war, nahm ich als Berichterstatter für die «Süddeutsche Zeitung» teil. Eva hatte sich eine Überraschung ausgedacht: In der Oper waren wir zu dritt, ich saß zwischen ihr und – Christiane Zimmer. Ein erhabener Lebensaugenblick am 22. Juli 1984. Der Tag war so heiß, dass selbst Carlos Kleiber nicht ganz auf der Höhe zu sein schien. Aber das war mir gleichgültig. Hofmannsthal war schon in meiner Kindheit ein Mythos gewesen, der sich nun für drei Stunden in meiner Nachbarin völlig real inkarniert hatte. Die durch und durch unfeierliche Christiane war dann auch einmal einen Abend lang bei uns in Harmating, begleitet von Werner Vordtriede, mit dem sie jeden Sommer in Samedan ein paar Urlaubswochen verbrachte, ehe sie in ihr New Yorker Domizil zurückkehrte.

Menschen getroffen (4)

Theodor Heuss hatte den Wunsch geäußert, Ernst Jünger kennenzulernen. Hans Speidel vermittelte den Besuch des Bundespräsidenten, der am 1. Oktober 1955 stattfand. Er fiel in die zweite Periode meiner Adlatus-Tätigkeit in Wilflingen. Wir waren zu sechst: Ernst und Gretha, Sohn Alexander, Heuss in Begleitung eines Herrn Bott, ich. Nach dem Essen fuhren wir zu den Ausgrabungsarbeiten, die der Heuneburg bei Sigmaringen galten, einer keltischen Fürstenburg, und kehrten am späten Nachmittag zu einem abschiedlichen Tee zurück. Vor wenigen Jahren erschien dann in der Edition der Heuss-Briefe ein am 4. Oktober verfasstes Schreiben an einen Toni Stolper in New York mit einem Bericht über den eher unbefriedigenden Verlauf des Besuchs. Das «politisch-theoretische Gespräch» sei leider nicht zustande gekommen; «ein dem Sohn befreundeter Student saß immer, die neugierigsten Augen auf mich gerichtet, dabei, und da fing ich nicht an, seiner Diskretion nicht sicher». Hätte ich geahnt, dass meine neugierigen Augen über die Macht verfügten, die Begegnung zwischen Heuss und Jünger um ihr Gelingen zu bringen, der Boden unter dem Biedermeiertisch hätte sich aufgetan, mich für immer zu verschlingen. Aber ich fühlte mich im Kokon meiner Nebensächlichkeit und des vermeintlichen Übersehenseins von den Augen des Staatsoberhaupts sicher geborgen. Was hatte nur meine verhängnisvoll ungezügelte Neugier erregt? Ich glaube es noch nach sechs Jahrzehnten genau zu wissen. Heuss erzählte in behaglich schwäbischem Ton vom glimpflichen Verlauf der Begegnung mit Thomas Mann, als dieser für seine Schiller-Rede nach Stuttgart kam. Ich hatte sie mit brennendem Interesse in meinem Tübinger Studentenzimmer am Radio gehört. Jünger war an Thomas Mann nicht interessiert.

Menschen getroffen (5)

Ein guter Verleger kümmert sich auch um die Buchhändler; Jubiläen sind Gelegenheiten zu Besuch und Lobreden. Als die Regensburger Buchhandlung «Atlantis» einen Geburtstag feierte, folgte Siegfried Unseld der Einladung Fred Strohmaiers. Dieser bat mich, bis zum Beginn der Veranstaltung dem hohen Gast die Zeit zu vertreiben, und so saßen wir vor Kaffee und Kuchen in dem zum Vorleseraum gehörenden Turmzimmer. Das Gespräch führte nach Ulm, Unselds Herkunftsstadt. Ich konnte eine Ulmer Großmutter beisteuern. Er hob die Augenbrauen, schien interessiert. Sie sei, erläuterte ich, eine Besserer gewesen. Die Reaktion war eine Handbewegung, die eine Art Abwinken war, eine Gebärde der Hoffnungslosigkeit. Die Besserers sind eine alte Ulmer Familie, eine Bessererstraße führt, wenn ich mich recht erinnere, vom Bahnhof zum Münster, in dem es eine Besserer-Kapelle gibt. Unseld gab auf. Als hätten wir unsere Großmütter zu einem von vornherein entschiedenen Wettstreit starten lassen. Nicht unter diesen unfairen Bedingungen, sagte seine Handbewegung. Nur wenige Wochen nach dieser Begegnung kam es in München zu einer parallelen Feier der Buchhandlung Lehmkuhl. Unseld würde den Festvortrag halten. Als er mich sah, nahm er mich beiseite: «Bitte, wundern Sie sich nicht, wenn Sie jetzt gleich genau dieselbe Rede zu hören bekommen wie in Regensburg. Ich muss so oft in solchem Rahmen sprechen, da bleibt mir gar nichts anderes übrig, als jedes Mal auf meinen Standardvortrag zurückzugreifen.»

Menschen getroffen (6)

Zu einer Veranstaltung der Katholischen Akademie in der Münchner Mandlstraße erwartete man den vor kurzem ernannten Kardinal Josef Ratzinger. Unter den Gästen war der Jesuitenpater Karl Rahner, der in Innsbruck Theologie lehrte. Der Kardinal zog in vollem Ornat ein, an dem in schlichtes Ordensgewand gekleideten Rahner vorbei, den er keines Blickes würdigte. Kirchenfürstliche Selbstherrlichkeit und demütiger Dienst am Geheimnis des Glaubens fielen für einen elektrisierenden Augenblick in einem Bild zusammen, zwei auf ewig geschiedene Welten. Meine ungeteilte Sympathie flog dem entgegen, den in dieser Sekunde niemand beachtete. Später ergab sich wiederholt die Gelegenheit, Rahner in meinem Auto von der Akademie in das leider recht nahe gelegene Jesuitenkolleg in der Kaulbachstraße zu fahren. Leider? Ein Dialog zwischen dem Verfasser vom «Grundkurs des Glaubens» und meiner Nichtigkeit wäre auch auf einer längeren Strecke nicht zustande gekommen. Immerhin existiert ein Foto, das den ebenso gelehrten wie frommen Karl Rahner und mich in nachdenklicher Haltung einander zugeneigt zeigt, als wären wir in ein die letzten Dinge berührendes Gespräch vertieft.

Menschen getroffen (7)

Die Schauspielerin Inge Birkmann und der Philosoph Hermann Krings feierten am 29. Mai 1999 im Schlösschen Suresnes, einem Schauplatz der Münchner Katholischen Akademie, im kleinen Freundeskreis ihre goldene Hochzeit, und ich – o Wunder! – war dazu eingeladen. Ich habe bis heute nicht ganz verstanden, wie ich zu dieser Auszeichnung kam. Denn bei aller Verehrung, die ich für die großartige, in Aufführungen des Residenztheaters und der Kammerspiele erlebte Schauspielerin und für die Freiheitsphilosophie des an der Münchner Universität lehrenden Hermann Krings empfand, eine Verehrung, die sich angesichts der exzeptionellen Tatsache verdoppelte, dass ein seriöser Philosoph mit einer Bühnenkünstlerin verheiratet war, die immer wieder auch in der Fernsehkrimiserie «Derrick» auftrat (man stelle sich vor, Kant wäre mit Corona Schröter verheiratet gewesen), hielt sich mein persönlicher Kontakt in bescheidensten Grenzen. Er beschränkte sich im Grunde auf einen einzigen, etwas dürftigen Blumenstrauß, den ich am 6. Oktober 1975 bei der Premiere von Ibsens «Gespenstern» in den Kammerspielen für die Darstellerin der Frau Alving abgegeben hatte. Und siehe da, Inge Birkmann sprach mich, als ich geraume Zeit später bei einem Tee der gemeinsamen Freundin Charlotte von Bomhard mit ihr zusammentraf, gleich auf den in meiner Erinnerung immer kümmerlicher gewordenen Blumenstrauß an, und ich glaube, sie hat sich noch nach einem Vierteljahrhundert, eben bei jener goldenen Hochzeitsfeier, daran erinnert. Hermann Krings wiederum las während meines ersten Semesters im Winter 1953 «Über die Wahrheit und die

Geschichte ihrer Problematik», was verlockend klang, sich aber mit meiner altphilologischen Hauptvorlesung überschnitt, und an seiner «Übung» über eine Heidegger-Schrift wagte der blutige Anfänger nicht teilzunehmen. Jetzt erzählte er mir in aller Ausführlichkeit, wie es vor fünfzig Jahren zur Ehe mit Inge Birkmann gekommen war, eine abenteuerliche Geschichte, die man inzwischen in einem Buch ihres Enkels Joachim Meyerhoff nachlesen kann. Der hatte damals seinerseits ein erstes Engagement am Kasseler Theater angetreten und auf einer winzigen Nebenspielstätte seine Idee, den von ihm dramatisierten Goetheschen «Werther» in einer Solo-Vorstellung darzubieten, erfolgreich verwirklicht. Inge Birkmann fungierte dabei als vom Tonband sprechende Erzählerin. Eine Aufführung des Meyerhoffschen «Werther» bildete den Höhepunkt des Festes. Jetzt hörte man den Enkel vom Band, und die Großmutter sprach ihren Text live. Jedenfalls kann ich mich an keine persönliche Anwesenheit Meyerhoffs erinnern. Leider, wie ich inzwischen sagen muss. Er hat sich nicht nur als grandioser Schauspieler, sondern auch als wunderbarer Schriftsteller entpuppt. Im einschlägigen Buch von 2015, das die in der Nymphenburger Villa der Großeltern verbrachten Jahre des Münchner Schauspielschülers erzählt, finde ich beides in einem Höchstgrad an Intensität verwirklicht: Liebeserklärung und Totenbeschwörung.

Menschen getroffen (8)

Meine Freunde Uvo und Dorothee Hölscher luden mich in ihre schöne Wohnung in der Münchner Georgenstraße zum Abendessen mit dem Philosophen Hans-Georg Gadamer ein. Ich musste den Nachtzug nach Rom erreichen, konnte nur zweieinhalb Stunden bleiben, wollte aber auf das Zusammensein mit dem berühmten Mann nicht verzichten. Ich rechnete mit einer größeren Gesellschaft, aber es war nur für vier Esser an einem kleinen Tisch in der Bibliothek gedeckt. Während des ganzen Mahls fiel kein einziges Wort, das nicht auch hätte fallen können, wenn anstelle eines der führenden Denker Europas ein Student Uvo Hölschers geladen gewesen wäre. Einer der geistreichen Kurzessays von Albrecht Fabri stellt die Frage: «Kann man Dichter besuchen?» Das Ergebnis ist eindeutig und lautet Nein. Wenn Dichter besucht werden, dichten sie nicht, sondern verhalten sich wie Menschen, die Besuche empfangen. Ich bin anderer Ansicht. Da kann Lotte noch so enttäuscht von Goethes Mittagstafel in den «Elephanten» zurückkehren; sie saß neben einem, der den «Werther» (und mittlerweile noch einiges andere) geschrieben hat. Jemand, der ein Werk wie «Wahrheit und Methode» verfasst hat und Schüler des Autors von «Sein und Zeit» gewesen ist, lässt kraft seiner bloßen Gegenwart mein Herz höher schlagen, auch wenn ich mich nur in das Lob der von Do Hölscher bereiteten Suppe mit ihm teile. Nichts abstoßender als Meisterschaft, die in jeder Alltagssituation ihre Außerordentlichkeit zu demonstrieren sich bemüßigt fühlt. Der blödelnde Mozart, der mit Zelter und Wolff Whist spielende Hegel, ein Sokrates, der nach der längsten aller Nächte, dem Gastmahl bei Agathon, den folgenden Tag wie jeden anderen, also ganz alltäglich verbringt – das sind meine Helden.

Menschen getroffen (9)

Karl Richter, dessen glühendem Engagement die Münchner Bach-Renaissance der fünfziger Jahre entsprang, lebte um 1980 schon längst wieder in der Schweiz und kam nur gelegentlich noch an die wichtigste Stätte seines ehemaligen Wirkens. Bei einer Weihnachtsfeier der Bayerischen Akademie der Schönen Künste, deren Mitglied er war, hatte er die übliche künstlerische Darbietung übernommen, bevor man sich dem Punsch, dem Stollen und dem Gespräch überließ. Erwartungsvoll sah ich dem Auftritt des Meisters entgegen. Er spielte eine Partita von Bach. Gesenkten Haupts begab er sich zum Flügel und begann, ohne eine Sekunde der Konzentration verstreichen zu lassen, sofort mit dem Vortrag. Keine Spur von Feuer; er spielte das nicht sehr lange Stück einfach herunter. Kaum war er fertig, klappte er den Deckel zu, stand auf, verbeugte sich knapp, kehrte an seinen Platz in der ersten Reihe zurück. Die Dame neben mir seufzte und gab ihrer Enttäuschung mit einer abfälligen Bemerkung Ausdruck. Mir hatte die gewissermaßen entlaubte Virtuosität tiefen Eindruck gemacht. Das ist wahre Meisterschaft, dachte ich, die es nicht mehr nötig hat, als Person in Erscheinung zu treten. Richter starb bald darauf, vierundfünfzigjährig.

Menschen getroffen (10)

An der traditionellen Geburtstagsfeier von Friedrich Georg Jünger am 1. September im schönen Haus an der Überlinger Seepromenade durfte ich 1961 teilnehmen. Unter den Abendgästen traf ich Ilse Benn, die dritte Frau und Witwe des von mir vergötterten Dichters. Die ziemlich weit voneinander liegenden Augen blickten, so mein Eindruck, in verschiedene Richtungen. In Ilse Benns Verhalten zu mir äußerte sich etwas burschikos Kameradschaftliches; ich spürte aus ihrer Stimme einen natürlich nicht ausgeführten leichten Rippenstoß. «Wissen Sie noch, Berlin, Neumann?» Dass sie sich an mich erinnerte, überraschte mich. Vor vier Jahren hatte ich bei einer Berliner Akademie-Veranstaltung zum Gedenken an den ein Jahr alten Ungarn-Aufstand ein paar Gedichte ungarischer Autoren vorgelesen. Nachher war «man» in ein Lokal gegangen, das «Neumann» hieß. Ilse Benn saß in Reichweite, und vielleicht habe ich ihr damals etwas von meiner Liebe für den Dichter vorgestammelt. Irgendwie – hier passt das sonst unbedingt zu meidende Unwort ausnahmsweise – war sie mir wohlgesinnt, verstanden wir uns. Sie war sympathisch unkompliziert und übte wieder ihren Beruf als Zahnärztin aus. Am nächsten Tag, einem herrlichen Spätsommertag, unternahm die Geburtstagsgesellschaft einen Auto-Ausflug. Wir saßen mit Ernst und Friedrich Georg Jünger in der Nähe der Birnau an einer im Freien gedeckten Tafel, im Lauf des Nachmittags ergab sich eine Gelegenheit zum Baden im Bodensee. Nur Ilse Benn und ich machten von ihr Gebrauch.

Menschen getroffen (11)

«Ich würde mich freuen, Sie irgendwann wiederzusehen», schrieb mir Jörg Fauser am 16. Mai 1980 in einem kurzen Begleitbrief zu seinem Gedicht «Etwas Teures», das mit der Zeile begann: «Als Byron im Sterben lag». Wir hatten mit Jürgen Becker und Dieter Krusche in der Reihe «München, literarisch» auf einem Podium gesessen, wo wir mit unseren Gedichten auf die Frage «Wird die Lyrik wieder lyrisch?» antworten sollten. Ich hatte Fauser gesagt, dass mir sein Byron-Gedicht gut gefallen hatte. Dem konjunktivischen Wiedersehenswunsch ging ein Satz voraus, der mein Herz erquickte, ohne dass ich ihn akzeptieren konnte: «Für mich waren Sie der einzige Poet auf jenem Podium.» Manchmal bekommt man Dinge aus verhangenem Himmel gesagt, die den dunklen Weg blitzartig erhellen, wie Worte aus heiterem Himmel fast tödlich treffen können. Es braucht kaum erwähnt zu werden, dass das Irgendwann eines zweiten Zusammenseins dessen Verwirklichung ausschloss. An welchem Zeitpunkt in den sieben Jahren, die Jörg Fauser noch blieben, hätte es sich fixieren sollen? Am 16. Juli 1986 ging er abends aus, um in irgendeiner Kneipe seinen dreiundvierzigsten Geburtstag zu feiern. Beim Dämmern seines Todesmorgens trat er den Heimweg an. Auf der Autobahn A 94 bei München fand man seine Leiche.

Menschen getroffen (12)

Achtzehnjährig war ich 1953 zum Studium nach München gekommen und genoss das Angebot an literarischen Veranstaltungen, das sich von meiner Heimatstadt Regensburg großartig abhob; dort waren Auftritte von Georg Britting, Gottfried Kölwel oder Werner Bergengruen sehr seltene Höhepunkte des Kulturlebens gewesen. So verschlug es mich eines Abends auch in das am Ende der Schwabinger Feilitzschstraße gelegene Gasthaus «Seerose». Angekündigt war eine Lesung des österreichischen Dichters Richard Billinger. Wer ihn eingeführt hat, weiß ich nicht mehr, erinnere mich aber des Wohlgefallens, mit dem ich die Anwesenheit von Erich Kästner am Nebentisch registrierte. Niemand fragte acht Jahre nach Kriegsende nach der Vergangenheit von Schriftstellern während der Nazizeit; mein Respekt vor Billinger beruhte darauf, dass er ein seinerzeit berühmtes Theaterstück, die «Rauhnacht», geschrieben hatte. Das wurde zwar nicht mehr aufgeführt, aber ich wäre doch aus allen Dichterwolken gefallen, wenn ich damals Zuckmayers erst Jahrzehnte später erschienenen «Geheimreport» gekannt hätte mit seiner vernichtenden Charakterisierung Billingers als eines nazifrommen Blut-und-Boden-Poeten.

Er las Gedichte. Das Besondere war, dass er sie auswendig vortrug im Stehen – wie ein Schauspieler in einem seiner vergessenen Stücke. Auch während der Rezitation wurde Bier serviert. Bei einem ungewöhnlich langen Gedicht geschah, was geschehen musste, womit aber gleichwohl niemand gerechnet hatte: Billinger blieb stecken. Er wiederholte die letzten Verse, nahm gleichsam einen neuen Anlauf – um erst recht stecken zu bleiben. Ringsum Atemlosigkeit. Billinger schnippte mit Daumen und Zeigefinger, ließ dann die rechte Hand hängen und schüttelte sie heftig. Es half nichts. Wutverzerrte Blicke trafen die Kellnerin. Ich weiß nicht mehr, wie es weiterging, ob es weiterging. Aber eine kleine Weisheit nahm ich aus diesem Abend mit: Ich hätte keinerlei Erinnerung an den Dichter und seine Lesung bewahrt, wenn sie glatt über die Bühne gegangen wäre. Was sich einprägt, sind die Zäsuren, das Versagen, die Blamagen. Man denke an Hanno Buddenbrooks erzählenswertes Steckenbleiben beim Aufsagen eines Glückwunschgedichts für den Vater. Vielleicht hatte Thomas Mann diese Szene im oberen Stockwerk des «Seerosen»-Hauses geschrieben; dass er hier um die Jahrhundertwende gewohnt und «Buddenbrooks» beendet hat, ist verbürgt. Erich Kästner hasste den Emigranten und schien Billinger zu schätzen.

Menschen getroffen (13)

Ein Gedicht von Heinrich Detering, dessen Titel «Kritik der Urteilskraft» in komischem Kontrast zu dem in ihm erinnerten unspektakulären anekdotischen Vorgang steht, enthält zwei Namen, deren Träger mir persönlich begegnet sind, so nachhaltig wie oberflächlich, dass sie der Aufnahme in die oben bezeichnete Rubrik nicht entgehen können. Jemand schaltet während eines Vortrags genau in dem Moment, in dem von der erhellenden Kraft der Erfahrung des Schönen die Rede ist, «ganz hinten an der Tür», wie eigens betont wird: aus Versehen das Licht aus. Der Vortragende heißt Reinhard Brandt, als unfreiwillig Verdunkelnder und sein Versehen sofort Korrigierender wird Werner Hofmann namhaft gemacht.

Mein Jugendfreund Florian Furtwängler kreuzte Anfang der sechziger Jahre mit seinen Studienfreunden Hubert Burda und Reinhard Brandt bei mir in Harmating auf, einem kleinen mittelalterlichen Schloss im Isartal. Sowohl Burda wie Brandt kamen bei späteren flüchtigen Gelegenheiten auf jenen gesprächsfreudigen Nachmittag immer wieder zu sprechen. Etwa zehn Jahre später war ich mit einer Klasse meines Münchner Gymnasiums in Wien. Auf dem Programm stand ein Besuch des von Werner Hofmann geleiteten Museums des 20. Jahrhunderts. Eine Reinigungsfrau verwehrte uns in derben Worten, zusätzlich den Fuß in den Türspalt stellend, den Einlass. Sie hatte ja recht; es war Montag. Da aber löste sich aus dem Hintergrund eine hochgewachsene Gestalt, bat uns herein und führte die Schüler und uns zwei Lehrer eine geschlagene Stunde durch die Exponate. Seitdem habe ich Werner Hofmann nicht mehr aus den Augen verloren. Als

Leser seines Goya-Buches und von Reinhard Brandts «Philosophie in Bildern» wusste ich, dass es zwischen den beiden gegensätzliche Auffassungen gab. Das berühmte Blatt 43 der «Caprichos» mit dem Schlaf der Vernunft wird von dem Kant-Forscher Brandt im Sinne der Aufklärung, von Hofmann als Aufklärungskritik interpretiert. Ich bin nicht ganz sicher, ob die Hand des Kunstgeschichtlers nicht doch das Werkzeug einer gezielten Sekundenaktion gegen den vortragenden Kant-Forscher gewesen sein könnte.

Menschen getroffen (14)

Als Studienreferendar am Gymnasium in Weiden wurde ich im Herbst 1960 zum Besuch einer Theateraufführung der Klosterschule Fockenfeld abgeordnet; «spätberufene» Priesterkandidaten holten hier ihr Abitur nach. Unter Leitung eines jungen Paters wurde ein Stück von Dürrenmatt gespielt. Ich weiß nicht mehr, welches, sicher keins der großen; aber Dürrenmatt in der tiefsten Oberpfalz war eine Überraschung. Die viel größere kam erst. Als Vertreter einer anderen Schule wurde ich in die erste Reihe gebeten – neben ein sehr einfaches altes Bauernweiblein, die mir unter ihrem schlichten Kopftuch freundlich zunickte. Nicht nur ich wurde als Ehrengast begrüßt, sondern auch die aus dem benachbarten Konnersreuth herübergekommene Therese Neumann. Unwillkürlich straffte sich mein Körper. Ich saß neben der quasi weltberühmten Resl, die an den Passionstagen aus den Wunden des gekreuzigten Jesus Ströme von Blut vergoss und ihr Dorf zum Ziel Tausender von Pilgern gemacht hatte. Auch unsere Deta war vor zwei Jahrzehnten zu der designierten Heiligen gewallfahrtet und hatte von stundenlangem Anstehen und einer schließlich recht barschen Bescheid gebenden Resl berichtet; aber Heilige waren nun einmal unnahbar. Jetzt hätte sie nicht näher sein können, und der künftige Heiligenschein war gut versteckt. Drei Wunder hafteten an ihrer unscheinbaren Person, von denen die Stigmatisierung das am wenigsten erstaunliche war; die gehörte nun einmal zu einer richtigen Mystikerin. Aber meine Nachbarin war außerdem als junge Magd nach jahrelanger schwerster Krankheit durch Intervention einer anderen, bereits heiliggesprochenen

Therese, der Therese von Lisieux, auf medizinisch unerklärliche Weise geheilt worden. Was sich jedoch vor allem mit ihrem Namen verband, war der angebliche vollkommene, schon ein Menschenalter andauernde Verzicht auf feste und flüssige Nahrung.

Mit meiner Wundergläubigkeit stand es gar nicht gut. Meiner Skepsis wurden immer wieder die Dinge zwischen Himmel und Erde entgegengehalten, von denen sich die Schulweisheit nicht nur von Hamlets Freund Horatio nichts träumen lasse. Doch das war ein Eigentor der Wunderverteidiger. Die ganze Handlung von Shakespeares Drama entwickelt sich ja gerade aus Hamlets Zweifel an der objektiven Realität der Erscheinung seines ermordeten Vaters. Der Wittenbergische Student hat sich von einer Geistererscheinung nicht nur nichts träumen lassen; es geht ihm auch nach dem dreifachen «Adieu» des Gespenstes um Beweise für dessen ungeheure Anklage. Die Welt, sagte ich mir, ist schon selbst das Wunder; es braucht keine Ausnahmen von ihren Gesetzen. Ja, es darf sie nicht geben, weil damit der Kosmos keiner mehr wäre. Mag sein, dass ein Körper sich auch von der Luft ernähren kann. Ich bin weder Horatio noch ein Naturwissenschaftler. Die Resl neben mir machte einen soliden Eindruck. Sie hatte noch zwei Jahre zu leben.

Die Stille nach dem Sturm

Die Herbst- und Frühjahrsstürme dauern drei Tage und Nächte und verstoßen dich in die Heide, durch die der wahnsinnige King Lear taumelt. Aber in der dritten Nacht erwachst du und hörst – die Stille. Es ist vorbei. Die Stille ist für dein Ohr wie ein quellfrischer Trunk für eine ausgedörrte Kehle. Was ist sie jenseits solcher Vergleiche? Sie zehrt von keinem Sein, sie ist der Nicht-Lärm, das hörbar gewordene Nichts. Das Nichts ist eine Orgel mit vielen Stimmen. Eine davon ist die Stille.

Wiederholungen

Das Nachdenken über das Phänomen der Wiederholung ist eine Alterserscheinung. Dass wir alle Sklaven des täglichen Wiederholenmüssens sind, will ich hier nicht wiederholen. Aber es gibt nicht notwendige Wiederholungen: in meinem Fall zum Beispiel den jährlichen Romaufenthalt oder am Karfreitag regelmäßig den «Parsifal», am Geburtstag das immergleiche Musikprogramm. Doch es geht mir auch nicht um Psychologie. Philosophisch gesehen sind nicht durch den Lebensvollzug erzwungene Wiederholungen unnötig, also skandalös. Der Skandal besteht in dem mit der Wiederholung verbundenen Plural. Wie viele Bäume im Wald stehen, hängt von allen möglichen Faktoren ab; wie oft ich die «Winterreise» gehört habe, und zwar mit demselben Sänger, ist sekundär gegenüber der Tatsache, dass ich sie gehört habe, und auch das muss nicht sein, denn auch das einzelne Erlebnis ist eines von ungeheuer vielen. Platons Ideenlehre muss der Einsicht in die Unwahrheit des Plurals entsprungen sein. Die Zahl der Bäume im Hain des Akademos zu Athen war zufällig; es kann nur ein Baum existieren, und der ist nicht von dieser Welt. Vom Raum auf die Zeit übertragen, liegt der Skandal in der Bevorzugung des Wieder vor dem Immer. Immer wieder geht die Sonne auf: Das Immer darf, wenn es wahr sein soll, keinen Anfang und kein Ende haben, schließt folglich das Wieder aus. Zeitlos ist nur die Idee.

Dort die Philosophie, hier das Leben. Das Glück des Älterwerdens ist das Noch-Einmal. Das höchste, durch sein Schmerzlichsein gesteigerte: das Ein-letztes-Mal. Einen Sommer noch gönnt ihr Gewaltigen. Einmal noch die «Matthäus-

Passion» hören, den «Ring» erleben, über die Piazza Navona gehen. Noch ein geglücktes Gedicht schreiben, deine Hand noch einmal spüren in meinem Haar.

Überwindungen

Ein erheblicher Teil meines Alltags besteht aus Überwindungen. Sie setzen innere Widerstände voraus. Würden sie fehlen, würde mein Tag wie auf Schlittschuhen ablaufen. Ein Irrealis. Tatsächlich gehe ich vom frühen Morgen bis zum späten Abend auf Stolpersteinen. Da wären unbedingt zu erledigende Telefonate. Ich berufe mich auf meine Telefon-Phobie und schiebe sie auf. Wie bald schon greife ich in meiner Rolle als Alltagsüberwinder mit bleischwerem Arm zum Hörer. Man fordert mich auf, einen YouTube-Kanal zu öffnen, um den Kurzfilm eines Freundes anzusehen; «dauert nur ein paar Minuten». Es gelingt mir erst beim dritten Anlauf. Die Überwindung, die es mich kostet, unter einem elektrisch geladenen Weidezaun hindurchzuschlüpfen, steht in keinem Verhältnis zu der tatsächlich aufzuwendenden Mühe. Mittlerweile kapituliert meine erschöpfte Frustrationstoleranz (das vormals so geläufige Wort ist ganz aus der Mode gekommen) vor dieser und ähnlichen Zumutungen. Lieber nehme ich zeitraubende Umwege auf mich. Hochsommertage, einst herbeigesehnt, wollen, dass ich im nahegelegenen Weiher schwimmen gehe und die Zahl der Bäder, die ich im Tagebuch festhalte, möglichst hochgetrieben habe, bis wieder die herbstliche Bilanz fällig ist. Was für ein Akt der Befreiung von einer von Jahr zu Jahr lästigeren Pflicht, als ich jüngst ruckartig beschloss, auf das Baden ein für alle Mal zu verzichten. Noch widerstehe ich der Versuchung, den täglichen Waldgang einzustellen, nur noch schon gelesene Bücher aufzuschlagen, zwei Stunden länger zu schlafen oder – kühnste Errungenschaft! – überhaupt nicht mehr aufzustehen. Wirklich mehren sich in meinem Bekanntenkreis mit mir etwa gleichaltrige ehemals sehr bewegliche Personen, die eines beliebigen Morgens sich selbst und ihre Mitwelt mit der Erklärung überraschen, künftig das Bett nicht mehr zu verlassen.

Netzwerk

Kein Shakespeare, kein Kleist, kein Ibsen mehr auf den beiden großen Münchner Bühnen, dem Residenztheater und den Kammerspielen, wie man es jahrzehntelang gewohnt war. Und wenn Schiller, Büchner, Gogol auf dem Spielplan auftauchen, sind sie nicht wiederzuerkennen. Kein Jugendlicher wird künftig (wie ich) die Gelegenheit haben, «Hamlet», die «Räuber», «Dantons Tod» kennenzulernen, wie sie von ihren Dichtern «gemeint» sind, auch nicht den «Ring» oder «Tristan». Du bist alt, hast nahezu alle überlebt, die seinerzeit, zu deiner Zeit den Ton angaben, willst auf etwas vermeintlich Zeitloses zurückgreifen – und greifst ins Leere.

Deine Klage ist blind für die Tatsache, dass sich etwas Grundlegendes geändert hat, dass jedes Einzelne, das dein Dasein trug und lebenswert machte, Teil eines Netzwerks war, das im Begriff ist sich aufzulösen. Dabei war es gerade die Illusion einer unerschütterlichen Dauer, die mit der Einbettung in bestimmte Teile des gegebenen Ganzen verbunden war. Verlässlichkeit bot die intakte Familie. Ich überspringe Schule und Studium. Entscheidend wichtig war der Beruf als Lehrer. Hier beschränke ich mich auf einen Nebenschauplatz: das Feuilleton der «Süddeutschen Zeitung», das schon dem Siebzehnjährigen als Herzinnenraum wahren Geisteslebens vor Augen schwebte. Je näher es mir kam durch die in seinen Spalten schreibenden Redakteure und Mitarbeiter, umso ferner rückte es zugleich: ein unerreichbares Zentrum der Hochkultur, an dem ich immer nur als untertänig dankbarer Leser teilhaben würde. Ich war von der Aussichtslosigkeit meiner Zaungast-Existenz zu tief überzeugt, um mein Eindringen in den heiligen Bezirk absichtsvoll zu betreiben. Aber un- oder halbbewusst betrieb ich es eben doch. Und dann ergab sich die Erfüllung zwar auf einem Umweg, aber doch wie von selbst. Zufällig lernte ich 1970 Barbara Bondy kennen, die eine in der Wochenendbeilage der SZ untergebrachte Seite namens «Gesellschaft und Familie» betreute. Sie wollte einen Artikel über den gymnasialen Griechischunterricht von mir haben. Das war mein Thema, ich lieferte prompt, und der fast die ganze Seite füllende Aufsatz wurde gedruckt.

Zahlreiche weitere Beiträge folgten. Ich hatte Fuß gefasst, wenn auch nur auf sehr schmaler Basis. Vier Jahre später gelang der Schritt durch die sich öffnende Wand des Feuilletons. Der Psychologe Albert Görres stellte an zwei Vortragsabenden in der Katholischen Akademie Arthur Janovs Urschrei-Theorie vor, und der Feuilleton-Chef Rudolf Goldschmit suchte nach einem Berichterstatter. Nun hatte ich kürzlich einen sehr kritischen Artikel über diese neue Heilslehre auf der Bondy-Seite veröffentlicht; nichts lag näher, als mich mit der Besprechung zu beauftragen. So glitt ich hinüber in jene Sphäre der grenzenlos bewunderten Journalistenstars mit ihrem Zentralgestirn Joachim Kaiser.

Ich saß, ein Sterblicher, am Tisch der Olympier. Mit mir am Tisch, wenn auch ganz oben, die Musikkritiker K. H. Ruppel und Karl Schumann, bald auch Albrecht Roeseler, die Theaterkritiker Reinhard Baumgart und Ivan Nagel, die Kunstreferenten Doris Schmidt und Gottfried Knapp, die junge Garde Peter Buchka, Wolfgang Werth und Elisabeth Bauschmid. Die waren besonders wichtig, weil in ihren Händen meine aktuellen Manuskripte landeten. Nicht zu vergessen die immer freundliche Sekretärin Ruth Limbrunner. Ich war dabei, als eine auf die Feuilleton-Redaktion beschränkte unspektakuläre Nachfeier zum fünfzigsten Geburtstag von Joachim Kaiser stattfand. Dieser saß keineswegs auf hohem Intellektuellen-Ross, machte sich nicht rar, verhielt sich jederzeit kameradschaftlich. Mindestens einmal in der Woche ging ich da aus und ein, wo einst der unbetretbare Tempel stand. Oft traf ich mich mit Barbara Bondy und Rudolf Goldschmit bei einem nahegelegenen Jugoslawen zum Essen. Wiederholt wurde ich in das Haus der Familie Goldschmit in Ambach am Starnberger See eingeladen.

Die Feuilleton-Redaktion wurde auch gern von Journalisten anderer Ressorts besucht. Immanuel Birnbaum kam aus der Chefredaktion herüber und tauschte sich mit mir über griechische und römische Lyriker aus. Der umwerfend witzige Fred Hepp, anonymer Verfasser unzähliger «Streiflichter», lachte mit mir über missglückte Sprüche auf Todesanzeigen. Hans Ulrich Kempski, dem die Seite 3 ihren Ruhm verdankte, erprobte auch an mir erfolgreich sein Talent, jedermann das exakte Alter auf den Kopf zusagen zu können. Chefredakteur Hans Heigert ließ sich regelmäßig blicken und lud mich einmal «auf ein Butterbrot» zu sich nach Hause ein – natürlich gab es ein vorzügliches Mahl.

Rudolf Goldschmit starb schon 1979 an einem Gehirntumor. Fünf Tage vor seinem Tod stand ich an seinem Bett; er konnte nicht mehr sprechen, aber drückte lange meine Hand. Das System war fest genug gefügt, solche Schicksalsschläge zu verkraften. Ich überlebte auch noch seinen Nachfolger Albrecht Roeseler, mit dem ich mich gut verstand. Inzwischen war Wolfgang Werth Leiter der Literaturseite geworden, Fritz Göttler, mein einstmaliger Schüler am Ludwigsgymnasium, für die Sachbücher zuständig.

Ich gehörte «dazu». Freilich nur am Rande: Nie war ich zu einer Redaktionskonferenz eingeladen. Wechselfälle im Weltausschnitt Feuilleton der SZ waren wie Abstürze in ein Netz. Es schwankte, aber es hielt. Noch wusste ich nicht, dass dieses Netz an ein viel größeres angeschlossen war.

Einer harmlos scheinenden Veränderung sah ich nicht an, dass sie das Ende nicht nur meiner journalistischen Existenz einleitete. Das Feuilleton zog um. Es handelte sich nicht um den großen Umzug der Zeitung im Spätherbst 2008 aus der Sendlingerstraße an die Peripherie Münchens, der mich schon nichts mehr anging. Auch die neuen Räume lagen im alten Jugendstilgebäude und waren mit dem berühmten Paternoster zu erreichen. Aber das Areal war jetzt im Vergleich zu den ziemlich engen Verhältnissen von früher enorm ausgeweitet; die meisten Redakteure arbeiteten im Großraumbüro. Gespräche auf den Gängen dazwischen fanden trotzdem noch statt – gelegentlich. Was sie stark einschränkte, war die Tatsache, dass jeder vor einem Computerschirm saß, auf den er seine Artikel schrieb, trotz des Platzgewinns gut abgeschottet gegen den Nachbarn. Der Online-Journalismus nahm seinen Lauf.

Was ich seinerzeit noch nicht begriff: Der Untergang der alten Welt des Feuilletons und der Tod des gewohnten Theaters und wie viele Abschiede noch gehörten zusammen. Die «herrschende» Kultur war eine über die Köpfe von Tausenden Kulturarbeitern hinweg zustande gekommene Vereinbarung gewesen, von der ich geglaubt hatte, sie sei unumstößlich. Auch die Subkulturen hatten ihren Ort in ihr, auch für die radikalen Opponenten war ein bestimmter Platz vorgesehen. Jetzt aber, gegen Ende meiner Lebenszeit, wurde diese Vereinbarung unabhängig vom freien Willen der Individuen aufgekündigt. Es wird noch lange über meinen Tod hinaus dauern, bis alle Elemente des ehemaligen Zusammenhangs ersetzt sein werden. Aber das Netzwerk, das die Zonen meines (partiellen) Zuhauseseins umschlossen hatte, war für immer zerrissen.

Kiesgrube

Am Schluss die Hinrichtung: seine, meine, deine. K. wird von zwei Männern im Gehrock und Zylinder abgeholt, es sind Herren, die im Auftrag handeln, ihre Aufgabe mit unwiderstehlicher Höflichkeit erledigen. Die Hinrichtung ist absolut schlüssig, eine logische Notwendigkeit, gegen die der pure Überlebenswille nur noch einen schwachen irrationalen Widerstandsrest aufbietet. Er wirkt sich in zwei Symptomen aus: im Misslingen des Versuchs, K. in eine für den Todesstoß möglichst günstige Lage zu versetzen – trotz «aller Anstrengung, die sie sich gaben, und trotz allem Entgegenkommen, das ihnen K. bewies» –, und in einer Pflichtverletzung: K. versäumt es, das Fleischermesser, das ihn töten wird, selbst in die Hand zu nehmen. Beides zeigt den zusammengeschrumpften Abstand an, der ihm zum vollen Einverständnis mit dem Geschehen fehlt. Die drei Männer und der Leser sind an der Endstation der Handlung angekommen: in einer Kiesgrube, wo die Herren K. «nahe der Bruchwand» an einen losgebrochenen Stein lehnen. Bevor ihm ins Herz gestochen wird, fällt sein Blick «auf das letzte Stockwerk des an den Steinbruch angrenzenden Hauses». Und da geht abrupt («wie ein Licht aufzuckt») eins der Fenster auf und ein Mensch, «schwach und dünn in der Ferne und Höhe, beugte sich mit einem Ruck weit vor und streckte die Arme noch weiter aus». Bei meiner ersten Lektüre von Kafkas «Prozeß» zuckte mit dieser Stelle auch für mich ein Licht auf: Es war die Geste des Erbarmens, die das trostlose Ende des Romans erhellte.

Bei dem einzigen Gespräch, das ich zeit meines Lebens mit Martin Walser, dem großen Kafka-Kenner, führte, wollte er von diesem Lichtblick nichts wissen, und wahrscheinlich hatte er recht. Große Literatur kennt keine Konzessionen, keine Gnade. «da hât daz maere ein ende: diz ist der Nibelunge nôt»; «Kein Geistlicher hat ihn begleitet» («Werther»); «So lebte er hin» («Lenz»); «Die Leiche ward auf dem Schindanger verscharrt» («Die Judenbuche»). Schon die erste europäische Dichtung, Homers «Ilias», schließt mit der Bestattung eines der Helden, somit als Tragödie. Es kommt nicht immer auf den letzten Satz an. Ausweglos tragisch enden «Anna Karenina», «Madame Bovary», «Effi Briest», «Doktor Faustus». Weltanschauliche Interpreten wollen das oft nicht wahrhaben und kneten das in ihren Augen Negative so lange hin und her, bis es in ihr positives Weltbild passt. Dann werden auch Camus, Beckett, Faulkner zu Hoffnungsträgern umstilisiert, werden Rilke, Benn, Celan Garanten einer im Grunde heilen Welt.

Aber auch die Autoren selbst sind der Verführungskraft gesellschaftlich anerkannter Modelle ausgesetzt. Selbstmord gehört nicht dazu. Gottfried Keller hat die erste Fassung seines suizidalen «Grünen Heinrich» durch eine zweite ersetzt, in der sein Held sich nützlich macht. Die «Wahlverwandtschaften» versehen den Tod der beiden Hauptfiguren Eduard und Ottilie mit einer feierlichen Schlussgirlande: «So ruhen die Liebenden nebeneinander. Friede schwebt über ihrer Stätte».

Die Leser wollen die Trias des Guten, Wahren, Schönen. Aber das Wahre ist oft das Gegenteil des Guten und Schönen, und die Dichterlüge, die die Qual der Vergänglichkeit, die unaufhebbaren Konflikte, den Schmerz des Existierens ins Nur-Ethische oder Nur-Ästhetische verfälscht, verdoppelt die Lebenslüge der Leser. Das heißt nicht, dass es auf hohem

Niveau nicht auch die überzeugende Darstellung des Gelingens, des guten Ausgangs einer gefährlichen Irrfahrt geben kann. Im Gegensatz zur «Ilias» endet die «Odyssee» glücklich, mit der Vereinigung von Odysseus und Penelope. Sie ist das Vorbild für alle success stories; man denke an Thomas Manns «Josephs»-Romane. Zu diesen Geschichten gehört der Erfolg im Rahmen einer spätestens durch den Tod begrenzten Lebenssituation, das Bewusstsein ihrer Endlichkeit. Sogar Odysseus ist am Schluss der «Odyssee» nicht auf Dauer heimgekehrt. Er wird zu neuen Abenteuern aufbrechen. Und in jedem Fall gilt der Vers von Gottfried Benn: «Erfüllungen sind schwer von Wunden, / wenn es Erfüllungen sind.»

Und nun Kafka. Ausgerechnet bei seiner Lektüre knickte ich ein. Es durfte nicht die ganze Wahrheit sein, dass K. «wie ein Hund» starb. Es musste wenigstens eine Spur von Transzendenz aufleuchten. Jetzt, der Kiesgrube nahegerückt, halte ich erst recht an meiner beschämend schwachen Position fest. Wenigstens diese Scham soll mich überleben.

Vom Scheitern

Einzelne Aktionen gelingen, andere scheitern. Das gehört in das Auf und Ab des Wogengangs, gleicht sich gegeneinander aus, ist der Rhythmus, dem nach Archilochos die Menschen ausgeliefert sind. Doch unvermeidlich ist ein letztes Ab, dem kein Auf mehr folgt. Das totale Scheitern, der Tod, dessen wichtigste Waffe die Zeit ist, beendet auch das erfolgreichste Leben. Jeder weiß das, und so halte ich es der *conditio humana* für angemessen, statt nach lebenslangem Kampf bedingungslos zu kapitulieren, sich beizeiten mit Niederlagen zu befreunden. Das Dasein spielt sich auf mehreren Schauplätzen ab: Während man auf dem biologischen den Tod durch Gesundheitspflege und Therapien aller Art hinausschiebt, kann man auf anderen das Scheitern zulassen – im Sinne einer *ars moriendi*.

Ich wollte auf zwei Ebenen tätig werden, und das ist nicht möglich ohne eine Portion Ehrgeiz. Man will Erfolge erringen. Die blieben auch nicht ganz aus. Ich hatte empfängliche Schüler, und meine Bücher oder Zeitungsartikel fanden freundliche Leser. Unterm Strich wurde mir mehr Anerkennung als Ablehnung zuteil. Wenn ich mich in fortgeschrittenem Alter gelegentlich unter Freunden als völlig gescheiterte Existenz bezeichnete, erntete ich Gelächter. Ich hatte mir dieses Etikett ja auch nicht mit Leichenbittermiene zugesprochen. Aber ernst gemeint war es doch. Mit vielen Schülernamen kann ich mittlerweile keine oder nur eine vage Vorstellung verbinden, obwohl ich ihre Träger manchmal jahrelang «gehabt» habe, und umgekehrt werden die meisten der «Ehemaligen» auf mich als ganz schattenhafte Übergangsfigur zurückschauen. Wenn sie nicht schon gestorben sind; die frühesten sind inzwischen siebenundsiebzig Jahre alt. Was ist von den Tausenden Unterrichtsstunden, den Bergen korrigierter Aufsätze, den Übersetzungen aus den alten Sprachen übrig? Was von den Gesprächen, Ratschlägen, Ermahnungen, Lobsprüchen? Und im Hinblick auf die selbstgeschriebenen Bücher muss ich mir sagen, dass sie noch viel schneller als Menschen altern und, wenn sie nicht gerade «Der Zauberberg», «Trunkene Flut», «Die letzten Tage der Menschheit» heißen, schon von der ihrem Erscheinen folgenden Frühjahrs- oder Herbstproduktion der Verlage tödlich überflutet werden. Ein Autor bescheidener Erfolge überlebt, wenn er alt genug wird, sich selbst. Meine Schüler haben ihr Griechisch vergessen, meine Bücher sind in den Schoß des Ungeschriebenen zurückgesunken. Ein Stein wurde ins Wasser geworfen, hat ein paar Ringe erzeugt; jetzt ist der Wasserspiegel wieder glatt.

Rettungen

Jeder kennt das Glücksgefühl des Noch-einmal-davongekommen-Seins. Es stellt sich ein, wenn – vielleicht der häufigste Fall – ein medizinischer Befund negativ ausfällt: Obwohl alles nach dem Gegenteil aussah, erweist sich der Krebsverdacht als unzutreffend. Du bist dem Leben zurückgegeben. In deinem Wiedergeburtsjubel mischen sich Übermut und Dankbarkeit. Aber auch die Befreiung von der Sorge um einen deiner Nächsten: ein sehnlich erwarteter Anruf von der Abiturfahrt des Sohnes nach Sizilien mit dem erst kürzlich erworbenen Führerschein, kann die Seligkeit einer unendlichen Erleichterung hervorrufen. Das Sprichwort vom Stein, der einem vom Herzen fällt, weiß davon. Als sei er ausschließlich für dieses Siegeszeichen geschaffen, zeigt der Daumen nach oben zu einem Himmel, der auf einmal nicht mehr leer ist. Das Segelschiff, das in einen Sturm geraten ist, erreicht, statt nach allen Gesetzen der Physik zu kentern, das rettende Ufer. Lachend fallen wir uns in die Arme. Aber es ist das Lachen Don Giovannis, der sich vor seinen Verfolgern über die Friedhofsmauer gerettet hat. Nie bleibt das schneidende «Di rider finirai pria dell'aurora» des ermordeten Commendatore aus – «Dein Lachen endet vor der Morgenröte». Ich höre das vernichtende Wort, während ich noch lache. «Chi ha parlato?», fragt Don Giovanni. Gesprochen hat der Tote im Namen des Todes. Jedes Lachen endet, um in die unausweichliche finale Katastrophe zu münden.

Unfassbarer Tod

Viele, die nach einer Operation aus der Narkose erwachen, denken, sie hätten die Prozedur noch vor sich, und sind angenehm überrascht, wenn ihnen die Schwester erklärt, dass alles schon vorbei sei. Setzt man an die Stelle der OP den Tod, liegt die fiktionale Überraschung beim Gestorbenen; er hat vom großen Ereignis nichts mitbekommen. Der Unterschied ist «nur», dass der analoge Vorgang sich im Irrealis abspielt: Der Tote wäre höchst erstaunt, wenn er imstande wäre, auf diesen letzten Eingriff zu reagieren. Ich vermute, dass noch nie ein Mensch sein Sterben wahrgenommen hat, selbst dann nicht, wenn eine über Jahre geübte *ars moriendi* diesem vorausging, es deutlich vorhersehbar, ersehnt und begrüßt war. Er ist sehenden Auges darauf zugegangen, hat die letzte Ölung empfangen oder die Segnungen einer medizinischen Sterbehilfe. Aber im entscheidenden Augenblick war er nicht dabei. Der Tod geht uns nichts an, lehrt Epikur. «Solange wir da sind, ist er nicht da, und wenn er da ist, sind wir nicht mehr.»

*

Ist es menschenmöglich, sich an den Gedanken zu gewöhnen oder wenigstens sich auf ihn einzustellen, in absehbarer Zeit nicht mehr zu sein? Das zu sich selbst gesprochene Wort «Warte nur, balde» stammt von einem ziemlich jungen Dichter.

*

Der Wechsel vom *to be* ins *not to be* ist der größtmögliche überhaupt: kein Übergang, sondern der Sturz zurück durch das animalische und pflanzliche Leben. Lear beklagt nach Cordelias Tod die Überlegenheit jeder lebendigen Fliege.

Humor

In seinen «Vermischten Notizen» widerspricht Michael Maar Arno Schmidt, nicht ohne ihm einen gewissen Mangel an Begabung für jene Kraft anzukreiden, die er der von dem hochbewunderten Autor als «einzige Panacee [Allheilmittel] gegen Alles» empfohlenen Arbeit entgegensetzt, nämlich den Humor. Freilich wirke der nicht gegen wirkliches Leid. Das ist eine ziemlich unscharf gezogene Grenze. Es gibt eine eindeutigere: das Wort des Totengräbers an Hamlet, er halte Yoricks Totenschädel in der Hand.

Kalte Zimmer

In einem alten Haus wohnen heißt in kalten Zimmern leben. Sie werden auch im Sommer, selbst bei Hitzewellen, nicht wirklich warm. Zu viel Kälte haben sie in langen Wintermonaten gespeichert, wenn vor den Fenstern die Eiszapfen hängen und Schneelawinen vom steilen Dach stürzen. Vielleicht geht die unaustreibbare Kälte auch von den Toten aus, die einst in diesen Zimmern die Stühle um den Esstisch blockierten, im Kerzenlicht lange Briefe schrieben, in der Bibel lasen, Backgammon auf der in den Spieltisch eingelassenen Marmorplatte spielten und miteinander endlose Reden tauschten. Ich stelle mir vor, dass mit ihren Worten Kältefahnen aus den Mündern kamen. In den eisigen leeren interstellaren Räumen sind diese Hunderttausende von Worten vielleicht noch unterwegs zu einem mehrere Lichtjahre entfernten Stern. Ich heize vergeblich die bis zur Decke reichenden Kachelöfen und schweige dazu.

Lebensgrenzgänger (2)

Zur Gruppe der Lebensgrenzgänger gehöre ich, der ich Goethe und Thomas Mann an Jahren überlebt habe, schon seit einiger Zeit. Aber ist es eine Gruppe? Zu verschieden sind die lediglich auf Grund ihres jeweiligen Geburtsjahrgangs Zusammengefassten. Wer im Rahmen einer Religion oder Philosophie glaubt, dass das eigentliche Leben jenseits des Todes auf ihn wartet, verhält sich an der Grenze des Lebens zu sich selbst anders als ein Agnostiker oder Nihilist. Nicht zu vergessen die Masse derjenigen, die ihrem Ende genauso gedankenlos entgegentreiben, wie sie ihr Leben bisher verbracht haben. Hier finden keinerlei Selbstverhältnisse statt. Unterschiede ergeben sich auch aus der Auffassung des jeweils eigenen fortgeschrittenen Alters als eines durch welche Fügungen auch immer determinierten oder nur zufallsbedingten. Ich kann also in der Rolle des Lebensgrenzgängers nur von mir selbst sprechen. Die Botschaft vom ewigen Leben beziehungsweise der Auferstehung der Toten habe ich seit früher Jugend wohl gehört, allein der Glaube daran hat seine ehemalige Unerschütterlichkeit eingebüßt. Ich habe auch die Erfahrung gemacht, dass selbst tiefgläubige Menschen mit allen Fasern am zu Ende gehenden Leben hängen und, wenn es wirklich ernst wurde, aus der Frohbotschaft der Überwindung des Todes keinen Trost schöpften. Andererseits gibt es ein gelassenes Sterben, das sich widerstandslos in Gottes oder des Schicksals oder der Natur Willen fügt. Wem kein Engel an der Schwelle winkt, wer nicht einmal auf eine Schwelle hofft, jenseits derer sich eine *terra incognita* erstreckt, wer sich mit dem Gedanken eines definitiven Erlöschens seines Bewusstseins abfindet, muss noch kein Nihilist sein.

Das Dasein im Schatten des bevorstehenden Lebensendes empfinde ich als letzte Wegstrecke, also nicht stationär, sondern ambulant. Solange ich nicht durch das Altsein einschneidend behindert bin, ändert sich im Vollzug der Alltagsbewältigung fast nichts. Hier gilt, von kleinen Einschränkungen abgesehen, das Nach-wie-Vor. Umso größer die Angst vor dem Verhängnis von Hilflosigkeit. Das Problem des Weitermachens wie bisher taucht erst auf, wenn es um die geistige *vita activa* geht: verstehendes Hören von Musik, Lektüre, Schreiben (wie dieses hier), Korrespondenz, Archivierung der Hinterlassenschaft, Mitsein, Lebensgenuss …

Ist Goethe ein Vorbild? Einiges spricht dafür, dass er den nahen Tod «nicht statuiert» hat – selbst wenn man den Lebensantrieb durch den nach Vollendung strebenden «Faust» abzieht. Aber ebendiesen Faust lässt er als Hundertjährigen seinem Ende blind entgegengehen. Und dass der zur Vollendung des «höchsten Werks» noch ausstehende letzte Graben Faust am Leben erhält, ist eine ironische Spiegelung der Verfassung des Dichters, der an sein Lebenswerk letzte Hand anlegt. Die Hoffnung, der Welt etwas zu hinterlassen, das dem Urheber dieses Erbes eine Art Unsterblichkeit sichert, erweist sich als Selbstbetrug. Schon Homer konfrontiert uns mit einem Achilles, der in der Unterwelt die Nichtigkeit seines Nachruhms erkennt. Die Schattenexistenz im Hades ist nichts anderes als das schwankende Bild, das in den Köpfen der noch Lebenden, demnächst ebenfalls Ausgelöschten übrig ist. Das ehemalige Subjekt existiert nur noch als Objekt. Als ein solches ist der, der einst Ich war, völlig der Willkür einer immerzu sich verändernden Nachwelt ausgeliefert.

Wir sterben jung

Kurz vor dem Ende meines letzten Lehrer-Schuljahrs fragte ich mich bei einem Gang durch den in der Nähe des Münchner Ludwigsgymnasiums liegenden Westpark: Was wird dir fehlen? Die Antwort kam schnell: Fehlen wird dir Jugend und Todesferne. Im Unterschied zu Kindern, auf deren winzigen Schultern man bis vor hundertfünfzig Jahren die Hauptschuld am niedrigen Lebenserwartungsdurchschnitt abgeladen hat, sind Heranwachsende dem Tod fern, weil Wachstum – zögerndes, vorschnelles, drängendes – und Tod einander ausschließen. Auch sie stehen an den offenen Gräbern ihrer Großeltern, verlieren Altersgenossen, gar Klassenkameraden durch Verkehrsunfälle oder Suizid. Aber das sind Steinwürfe ins Gemüt der Reifenden, Ringe, die sich rasch ausbreiten zugunsten der Wasserglätte des Alltags.

Sie wandern wie Prousts *jeunes filles en fleurs* am Strand von Balbec auf dem schmalen Uferstreifen des Wirklichen zuseiten des unendlichen Meers der Möglichkeiten. Alles scheint ihnen offen zu stehen, jeder Kurs ist denkbar: Wechsel des Partners, des Studiums, des Berufs – warum nicht, wenn die Stunde dafür gekommen ist, wenn neue Anfänge locken. Oder sie verfolgen ein schwindelerregend hochgestecktes Ziel, Schritt um Schritt von der Gewissheit ihrer Erwählung geleitet. Sie zweifeln nicht, dass sie es erreichen werden, auch wenn die Riesenstrecke, die sie vor sich haben, noch im duftigen Nebel eines frühen Morgens ruht. Dass sie einmal so alt sein werden wie ihre Eltern und Lehrer, halten sie für eine böswillige Drohung. Das Vorauswissen ihres Todes in zwanzig, vierzig, sechzig Jahren beunruhigt sie nicht im leisesten.

Auch der Todesmut von Motorradfahrern, die alles aufs Spiel setzen um einer auf die Spitze getriebenen Augenblickslust willen, ist nur Ausdruck ihrer Todesvergessenheit.

Welch ein unerhörtes Glück war mir beschieden, diese Todesferne jahrzehntelang mit euch teilen zu dürfen. Da stand ich vor euch, einer Klasse von Fünfzehn-, Sechzehnjährigen, die die Köpfe über die aufgeschlagenen Seiten des Übungsbuches gebeugt hielten, einen in klassischem Griechisch verfassten Text vor Augen. Die «Taten des Herakles», «ta Herakleous erga», lautete die Überschrift, des Herakles, der die goldenen Äpfel der Unsterblichkeit stahl. Streifte mich bei eurem Anblick der Schmerz des Xerxes, der im Angesicht seines wogenden Heeres in Tränen ausbrach – nicht weil der eine oder andere im Krieg gegen Hellas fallen könnte, sondern im Gedanken an genau diesen Tag in hundert Jahren, da keiner dieser blühenden jungen Männer mehr am Leben sein werde? Nein, der streifte mich nicht. Die hundert Jahre waren der Hellespont von Lebenszukunft, die den Tod unter Wasser hielt.

Nun aber, aus eurer Mitte verstoßen, ist er mir nah. Er mir, nicht ich ihm. Niemand geht ihm entgegen, nur er rückt uns immer näher auf den Leib. Das Ich altert nicht. Es wird mit unserem Gehirn zerstört, manchmal augenblicksweise, manchmal in einem über Jahre sich hinziehenden Prozess. Aber es altert nicht. Seit ich fünfzehn oder sechzehn wurde, bin ich geworden, der ich bin. Sein und Haben sind zweierlei. Kenntnisse stellen sich ein wie Errungenschaften, Erfahrungen wie Habseligkeiten, in den Regalen drängen sich die gelesenen und ungelesenen Bücher; leere Blätter füllen sich mit den gehabten Eindrücken; man schleppt von Jahr zu Jahr immer größeres Gepäck mit sich herum: sichtbares und wie viel mehr unsichtbares. Ich bin derselbe geblieben. Leidenschaften haben Narben hinterlassen auf einer Haut, in der ich stecke seit Anbeginn – bis sie dem geborenen Verlierer, Marsyas sein Name, abgezogen wird. Wartet nur, es ist auch der eure. Das Ich altert nicht, wir sterben jung.

Piazza del Biscione

Anno 2020 zwang mich die ungewohnte Pandemie zu noch größerer Bewegungslosigkeit als im Jahr darauf. Es gab nur eine Ausnahme: den obligatorischen jährlichen Romaufenthalt. Auch ihn hatte ich dem allgemeinen Stillstand zu opfern beschlossen, als ein Anruf meines Sohnes Askan Anfang Juli für neue Unruhe sorgte. Er seinerseits hatte sich durch keine Beschwörungen Angela Merkels irre machen lassen und war mit dem Rad durch Frankreich nach Italien gefahren. Nun werde er, lautete die Botschaft, seine ursprünglich bis Genua geplante Tour verlängern; ob wir uns nicht in Rom treffen könnten? Lachend wehrte ich ab – um einen Tag später im nächstgelegenen Reisebüro den Flug zu buchen. Jetzt fährt er mich in einem der an jeder Straßenecke wartenden cars-2-go von Fiumicino ins Zentrum. Das Wägelchen wird am Tiberufer beim Ponte Sisto abgestellt, denn unsere Unterkunft liegt im Hotel gleichen Namens. Es hieß einstmals «casa Palotti» und diente unzähligen Schülergruppen zur kostengünstigen Absteige. Mitte der achtziger Jahre hat der Palottiner-Orden das weitläufige Gebäude verkauft. Die zum Vier-Sterne-Hotel umgestaltete *casa* bot ausschließlich skandinavischen Reisenden Obdach. In diesem Jahr ist es weitgehend leer; die Abende verbringen *il figlio* und ich zu stark ermäßigtem Preis fast allein im schönen Innenhof mit seinen Palmen.

Aber die Zeit zwischen meinen einsamen Morgen- und Vormittagsgängen und diesen Spätaufenthalten vergeht großenteils an der Piazza del Biscione in «unserer» Bar. Sie ist das eigentliche Ziel von Askans Romsehnsucht. Natürlich sitzen wir draußen; der Innenraum ist winzig. Aus der Küche, die ebenfalls unvorstellbar klein sein muss, kommen alle nur erdenklichen Nudelgerichte, die fleckige Speisekarte umfasst mehrere Seiten. Der Platz ist ein Universum, stellvertretend für urbs und orbis. Seine Mitte bildet eine jener Trinkgelegenheiten, deren acqua potabile man durch Fingerdruck in einen springbrunnenartigen Wasserstrahl verwandeln kann. Auch diese einfachen Anlagen gehören zu den unzähligen Fontänen der Stadt, sind menschenfreundlicher Ausdruck ihrer spendenden Mütterlichkeit. Alle Durstigen sind geladen, und alle stellen sich ein: alte Frauen, die bauchige Flaschen füllen, momentan Bedürftige jeden Alters, ob es sich um den Obdachlosen handelt, der auf den Stufen vor Andrea della Valle die Nacht verbracht hat, oder um die dunkelgekleideten Herren, die aus dem hohen Tor des der Bar gegenüberliegenden Palazzo treten. Dazwischen immer wieder Tiere: vor allem Hunde, in den Pfützen pickende Tauben, einmal eine Möwe, die sich besonders viel Zeit nimmt, den Schnabel sich sechs-, siebenmal volllaufen zu lassen. Die Piazza del Biscione könnte einziger Schauplatz eines Romans sein, dessen Kapitel die Verwandlungen von einer Tageszeit zur andern, von einem Lichtwechsel zum nächsten spiegeln. Der Ort des Erzählers wäre der meine, einer der eisernen Stühle unter den Schirmen vor der Bar. Ringsum haben, die Straßennamen sagen es, Handwerker gelebt, die giubbonari, cappellari, baullari, pettinari. Aber der Blick fällt auf die hocharistokratische Fassade des besagten Palazzo, der seine ursprüngliche Existenz dem ungehemmten, jedoch kunstsinnigen Exhibitionismus der Fürsten Orsini verdankt. In deren Wappen kriecht die dem Platz seinen Namen gebende Schlange. Zur Linken unseres wackligen Tischchens, das mit einem großen Glas meines Campari-Mixgetränks, genannt Garibaldi, dem dritten oder vierten, und einem von Askan bevorzugten Latte macchiato, dem fünften oder sechsten, bekrönt ist, schließt sich die sehr einfache Trattoria an, die uns Barhörige nichts angeht. Sie ist durch ein undurchsichtig bepflanztes Gestell abgeschirmt und versammelt unter einem Marienbild ihre Gäste. Zu unserer Rechten erhebt sich das fünfstöckige schmale, efeubewachsene Hotel, das drinnen in einem beiderseits gespiegelten Korridor Breite vortäuscht. Seinen Namen «Campo de' Fiori» verdankt es der unmittelbaren Nähe des weltberühmten Platzes. Aber der ist samt seinem Markt und seinem Giordano Bruno schon Außenwelt.

Nun tritt wieder einer der Herren in schwarzem Anzug aus dem Palast, wirft einen Blick zum gewitterschwarzen Himmel, lässt von seinem Vorhaben ab und wendet sich, nicht ohne seine teure Armbanduhr zu befragen, zum Eingangstor zurück. Die beiden bejahrten und befrackten camerieri scheinen seit 1922 vor dem renommierten Lokal, welches das Jahr seiner Gründung neben der Aufschrift «Qui sta Pancrazio» verkündet, auf die hartnäckig ausbleibenden Gäste zu warten. Aber das ist nur neuerdings so: Es fehlen die Touristen, die wohl demnächst in Scharen wiederkommen werden, um ein touristenfreies Rom zu erleben. Einstweilen ist die Piazza ihren Bewohnern und einheimischen Besuchern, ist Rom den Römern zurückgegeben. Vielleicht sollten die beiden Alten derweil den verblassten Blutflecken im antiken Kellergewölbe des «Pancrazio», die den Ort von Caesars Ermordung punktgenau anzeigen, einen frischen Anstrich gönnen. Ja, die ganze Piazza einschließlich unserer Bar ist unterhöhlt durch die Ruinen des riesigen steinernen Pompeius-Theaters; wir müssten nur die Treppe im «Pancrazio» hinuntersteigen und wären im alten Rom. Ich bleibe droben. Das Restaurant erstreckt sich im Erdgeschoss des Palazzo links des Tores. Am äußersten Ende der rechten Seite ist eine *macelleria* untergebracht. Der weißbeschürzte Metzger kommt wiederholt zu uns herüber und stärkt sich mit einem Bier; auch sein blondgefärbter, ohrberingter Geselle gönnt sich dann und wann eine Pause, trinkt aber nichts, will nur mit der jungen *cameriera* anbandeln. Kleines Welttheater, ebenso reizvoll, ebenso zeitenthoben, wie das große abstoßend und dem baldigen Untergang bestimmt ist. Wir sind unter uns. Ich will nicht der Herold derer sein, die da kommen werden. Ich bin nur Auge und Ohr, die keinem mehr gehören, ein glücklicher Niemand.